Angèle
Thélémaque

Maro / 9 9 9 .

Le 15 Mars +
Cadeau.

Vaincre la solitude

Bruno Fortin
Lisette Désormeau

Vaincre la solitude

FIDES

Données de catalogage avant publication (Canada)

Fortin, Bruno
Vaincre la solitude

ISBN 2-7621-1835-2

1. Solitude.
2. Isolement social.
3. Perte (Psychologie).
4. Deuil.
I. Désormeau, Lisette, 1947- . II. Titre.

BF575.L7F67   1995   158'.2   C95-940882-7

Dépôt légal: 3ᵉ trimestre 1995
Bibliothèque nationale du Québec
© Éditions Fides, 1995

Les Éditions Fides bénéficient de l'appui du Conseil des Arts du Canada
et du ministère de la Culture du Québec

À mon frère Yvan.

B. F.

À Denyse Séguin en hommage à son implication
auprès des personnes séparées et divorcées
et surtout à notre amitié.

L. D.

Avant-propos

Rappelez-vous le départ définitif d'un être cher. Une relation qui vous tenait à cœur vient de se terminer. Un malaise s'installe en vous. Vous êtes envahis par une sensation de vide. Vous vous sentez seuls. Il peut y avoir plein de gens autour de vous, mais vous ne vous sentez pas reliés à eux. Tout se passe comme si l'univers s'était vidé et que vous vous retrouviez sur une île déserte.

Ce sentiment de solitude peut être ressenti chaque fois qu'un lien important de notre vie se brise. Pensons par exemple au malaise associé au premier déménagement nous éloignant de la maison familiale, au départ de notre dernier enfant de la maison ou au décès d'un de nos parents. Nous nous sentons seuls, et nous avons mal. Ce sentiment de solitude est vécu de façon particulièrement aiguë lors d'une rupture amoureuse. Que nous soyons la personne qui subit la rupture ou celle qui la provoque, nous devons affronter la solitude.

Nous sommes tous seuls, à des degrés différents. Nous sommes également tous reliés les uns aux autres à des degrés divers. Même au moment où il n'y a personne de présent physiquement, nous portons en nous la marque de tous les contacts de notre vie, contacts qui nous ont façonnés en déterminant entre autres la langue que nous parlons et les mets que nous préférons. Ce sont également les personnages influents de notre passé qui nous ont appris à aimer ou à détester certains types de personnes et qui nous ont démontré comment le faire. Ils nous ont également appris une façon de percevoir la solitude.

Il y a plusieurs façon de se sentir seul:
— Je suis seul pour élever mes enfants; je suis sans aide.
— Je suis seul à penser ainsi; je suis unique.
— Je me sens seul même au milieu d'une foule; je suis isolé.

La solitude peut prendre plusieurs sens. La souffrance associée à la solitude dépend en partie du sens qu'on lui donne, de nos attentes ainsi que de la richesse des liens que nous avons établis avec les gens de notre entourage. Elle dépend aussi de notre histoire personnelle. Notre capacité de nous relier à l'autre n'est pas une question de distance physique ou de sexe. Il s'agit de notre capacité de comprendre et de toucher le cœur et l'esprit de l'autre et de nous laisser toucher par lui.

Les témoignages que nous vous rapportons sont une

synthèse des expériences que nous ont confiées nos clients, nos étudiants, les participants à nos ateliers ainsi que nos amis. Ils comprennent également certains éléments de notre propre expérience d'être humain qui se doit inévitablement d'apprendre à vivre avec la solitude.

Certains se plaisent dans la solitude et en font un mode de vie à long terme. D'autres la vivent comme une étape transitoire et enrichissante, une occasion de faire le point, de reprendre contact avec soi-même et de se réorienter. D'autres encore vivent difficilement la solitude et s'empressent avec avidité de renouer des liens intimes.

Ce livre s'adresse à ceux qui se sentent seuls. Nous invitons toutes ces personnes seules à se regarder et à entreprendre un cheminement personnel. Ce cheminement leur permettra de mieux se connaître et de mieux vivre leur présent. La quête effrénée de relations peut être une source de frustrations. Que d'énergie dépensée parfois en pure perte! Nous croyons qu'il est préférable de s'occuper d'abord de soi et de tenter d'améliorer notre qualité de vie. Trouver un partenaire et avoir une vie misérable peut constituer un échec. Vivre seul et avoir une vie satisfaisante peut constituer un succès.

Bien que le sujet de notre livre soit la solitude, nous parlerons longuement de l'établissement de liens relationnels satisfaisants. Une fois que l'on a mieux compris et mieux vécu la solitude, il est souhaitable de pouvoir en sortir si on le juge nécessaire. Nous suggérons aux personnes seules de bien connaître leur style relationnel.

Elles pourront ainsi se préparer, si elles le désirent, à mieux choisir les gens qu'elles fréquentent et à devenir elles-mêmes de meilleurs partenaires. En augmentant nos habiletés sociales et en clarifiant nos attentes, nous pourrons établir des liens plus satisfaisants avec les différentes personnes de notre entourage.

Il y a toutes sortes de façons d'établir des liens. Certains adorent la solitude et se contentent des contacts sociaux et superficiels avec les vendeurs, les commis et les préposés à l'accueil côtoyés à différents endroits publics. Il y a également des personnes qui préfèrent vivre seules le quotidien et avoir des relations intimes de façon occasionnelle. Nous avons rencontré des couples satisfaits d'une vie qui comprend de longues séparations (travail à la baie James, engagement militaire). Il existe aussi des personnes bien décidées à maintenir une vie conjugale malgré la présence d'un amant ou d'une maîtresse.

Nous vivons de plus en plus au sein de familles éclatées dont les membres sont éparpillés dans tous les coins du pays. La mobilité des personnes et le faible taux de natalité nous amène à nous retrouver isolés de notre milieu naturel de support: la famille. Nous sommes bien loin du réseau stable de nos grands-parents qui pouvaient vivre toute leur vie avec des gens qui les connaissaient depuis leur naissance.

Nous ne croyons pas qu'il existe un modèle de vie unique et universel. Le cheminement de la solitude vers la plénitude est étroitement associé à la recherche globale d'un style de vie qui nous convient. Nous sommes tous à la recherche de la plénitude, de cet état où nous nous sentons complets, en pleine possession de nos capacités. Nous recherchons l'intégrité, la totalité, la maturité. Chacun se dirige vers cet état en empruntant un chemin qui lui est propre et qui lui convient.

Il appartient à chacun de découvrir le mode de vie qui correspond le plus à ses besoins. La recherche d'un réseau de relations ou d'un partenaire est étroitement reliée à la recherche de l'épanouissement personnel. Une relation positive avec soi-même augmentera d'ailleurs nos chances d'établir des relations satisfaisantes.

Les grands changements de nos vies nous forcent à nous arrêter et à nous reprendre en main. Comment composer avec le bouleversement d'une séparation? Comment composer avec le départ de notre fille aînée? Comment «repartir à zéro»? Ce livre propose le développement d'une attitude ouverte face aux changements amenés par le départ d'une personne chère ou la rupture d'un lien privilégié.

Tout en reconnaissant la souffrance associée à une séparation, nous chercherons des moyens d'en atténuer les impacts négatifs et d'y découvrir des occasions de croissance. Précisons dès maintenant que nous ne repartons jamais de zéro: nous repartons avec notre bagage d'expériences et de connaissances. Nous avons ainsi l'occasion d'évoluer et de trouver de nouvelles façons de rendre notre vie intéressante.

Nous venons de constater que la solitude peut prendre plusieurs sens et qu'il y a plusieurs façons d'y réagir. Certains la recherchent alors que d'autres la fuient. Peut-on aller jusqu'à en nier l'existence? Nous explorerons ce thème dans le prochain chapitre.

1

La solitude existe-t-elle?

«La solitude, ça n'existe pas», chantait Gilbert Bécaud il y a plusieurs années. Nous pouvons reprendre cette idée en remarquant que, d'une certaine façon, nous ne sommes jamais seuls malgré les départs. Nous pouvons faire cette affirmation pour plusieurs raisons.

Se relier à soi-même

Mentionnons d'abord l'importance de la relation avec nous-mêmes. Nous ne sommes jamais seuls parce que nous sommes en relation d'abord avec nous. Nous passerons le reste de notre vie avec nous-mêmes. Cela vaut donc la peine de développer cette relation afin qu'elle devienne harmonieuse. Devenons notre propre ami. Nous découvrirons qu'il y a plusieurs parties en nous. En les mobilisant, nous constaterons que nous n'avons pas à nous percevoir sans aide et isolé.

Aline était terrorisée à l'idée de demeurer seule avec sa fille. Elle n'avait jamais payé un compte d'électricité. Elle n'avait jamais fait installer le téléphone. Elle n'avait jamais géré son propre budget. Elle n'avait aucune confiance en elle-même. Sa relation avec elle-même était particulièrement négative. Elle se jugeait incapable, irresponsable et immature. L'approche de la séparation l'obligea à développer progressivement ses habiletés, d'abord pour sa fille, puis pour elle-même. Elle en vint progressivement à se donner des évidences qu'elle pouvait apprendre à faire face aux obligations de la vie quotidienne. Elle découvrit qu'elle pouvait se faire confiance. En améliorant ainsi sa relation avec elle-même, elle augmentait ses chances d'entreprendre de nouveaux défis et de les surmonter avec succès.

Érick avait l'habitude de se donner des ordres catégoriques. Il s'ordonnait de peindre la maison, de réparer son automobile, de faire le grand ménage de la maison, de rénover le sous-sol de sa maison, sans s'interroger sur ses priorités et sur son état physique et émotionnel. Cette attitude tyrannique envers lui-même l'amena à l'épuisement. Il a dû par la suite prendre contact avec ses véritables capacités et tenir compte de ses besoins prioritaires. C'est ainsi qu'il devint moins anxieux, moins fatigué et plus apte à profiter de la vie.

Les gens évitent parfois de passer du temps avec eux-mêmes parce qu'ils ne se trouvent pas intéressants, ou qu'ils n'apprécient pas la façon dont ils se traitent eux-mêmes. En découvrant nos besoins et nos goûts, nous parviendrons plus facilement à nous faire faire des choses agréables. Nous aurons ainsi plus de plaisir à être en notre propre compagnie.

Se relier aux personnes de son histoire

Quel autre argument nous permet d'affirmer que nous ne sommes jamais seuls? Nous sommes toujours habités par le souvenir des différentes personnes qui ont façonné notre vie. Nous portons en nous toutes les personnes que nous avons rencontrées.

Gabrielle est réconfortée par la certitude de l'amour de ses parents. Ils demeurent au loin, mais elle sait qu'ils l'aiment et que si elle en a besoin, ils sont là. Jessica trouve le même réconfort en pensant qu'elle a été chérie par sa mère décédée. Elle se sait digne d'être aimée et apprécie les souvenirs des bons moments qu'elle porte en elle. Jean-Philippe perçoit le monde comme un endroit amical car il se souvient des nombreuses rencontres intéressantes qu'il a faites au cours des années. Il s'est enrichi à chacune de ces rencontres et attend avec enthousiasme l'occasion de rencontrer d'autres personnes.

Qu'ils soient près ou loin, qu'ils soient vivants ou décédés, qu'ils aient été côtoyés brièvement ou longtemps, les autres continuent à vivre dans notre mémoire. Nous verrons plus loin l'importance de bien évaluer la place que nous accordons à ces images intérieures dans notre vie actuelle.

Nous ne sommes finalement jamais seuls parce que dans une société moderne telle que la nôtre, il y a toujours quelqu'un, quelque part, qui cherche à nous rejoindre et à nous parler. Vous en doutez? Pensez aux milliers d'auteurs qui vous attendent à la bibliothèque et à la librairie, aux dizaines d'animateurs de radio et de télévision qui vous parlent à l'instant même sur les ondes, aux centaines de journalistes qui tentent de vous rejoindre par l'entremise des journaux et des revues.

Plutôt timide, Joanie apprécie aller s'asseoir à la bibliothèque. Jeune, elle trouvait plutôt étrange l'affirmation de sa mère disant que les livres sont des amis. Maintenant, elle profite de ses moments de liberté pour se plonger dans la lecture de toutes sortes d'ouvrages dont elle ignorait jusqu'ici l'existence. Elle s'absorbe dans les écrits de tous ces auteurs qui, au cours des ans, par l'écriture, se sont adressés à elle.

Jocelyne, quant à elle, contacte régulièrement la station de radio locale pour participer aux concours, faire des demandes spéciales et parler quelques minutes aux animateurs. Elle se sent en contact avec tous les auditeurs de ce poste. Chacun de ces contacts téléphoniques la remplit de joie.

Reconnaître l'existence de la solitude

Est-il vraiment utile de nier l'existence de la solitude? Nous avons pris jusqu'ici dans ce chapitre un point de vue extrême en contrepartie d'un autre point de vue extrême qui est souvent véhiculé (Garneau et Larivey, 1979; Yalom, 1980). Ce point de vue insiste sur le fait que nous entrons seuls dans l'univers, et que nous en partirons seuls. Il y a un conflit fondamental en nous entre la conscience de notre isolement et le désir de faire partie d'un tout. Nous sommes séparés de tout ce qui nous entoure et nous ne pouvons trouver d'unité réelle qu'en nous. Même les personnes auxquelles nous sommes le plus attachés demeurent distinctes et séparées de nous.

Bien qu'il soit le troisième enfant d'une famille de cinq, Jules s'est senti bien seul lorsqu'il apprit qu'il avait le cancer. Les efforts des gens pour le rejoindre lui semblaient dérisoires. Il se sentait éloigné de sa femme et de ses enfants. Personne ne semblait le comprendre. À ce moment là, il était seul face à la maladie.

Notre expérience fluctue entre ces deux pôles, et notre réaction émotive à l'idée de solitude variera selon le sens qu'on lui donne. Vivre une vie dans une solitude constante, complète et absolue est un choix. Comme nous l'avons mentionné, notre degré d'isolement varie, selon notre degré d'ouverture à la rencontre de l'autre et selon notre capacité de nouer des liens. Nous pouvons choisir d'augmenter notre ouverture à l'autre et d'améliorer nos habiletés relationnelles.

Reconnaître l'existence de la solitude peut nous amener à modifier notre façon d'agir. Vanessa aime la solitude. Elle aime écouter de la musique, s'absorber dans ses pensées. Il lui arrive, même lorsqu'elle est au milieu des gens, de s'isoler momentanément en elle. Durant ces moments, elle ne ressent pas le besoin de discuter avec les autres. Elle a le choix. Elle sait comment maintenir une conversation avec autrui. Elle a des amis qui acceptent que tantôt elle aille vers eux et tantôt elle préfère être seule.

Tommy a une expérience bien différente de la solitude. Bien qu'il nie que la solitude soit un problème pour lui, il se sent constamment isolé. Dans les soirées, il se porte constamment volontaire pour rendre mille et un petits services qui le tiennent hors du groupe. Il ne réussit pas à se faire des amis. Il ne sait pas quoi dire. Il ne se sent pas apprécié par son entourage. Il ne se connaît pas, il ignore ses goûts et ses besoins. Il ne réussit pas à être lui-même en présence des autres. Il a l'impression erronée de ne pas avoir le choix, d'être condamné à errer en marge des groupes sans jamais en faire partie.

Pour améliorer sa situation, Tommy devra reconnaître son besoin d'améliorer ses relations avec lui-même et avec les autres. Il devra renoncer à ses stratégies défensives qui lui nuisent et humblement apprendre à nouer et à maintenir des conversations. Nous reviendrons sur ce point.

Profiter des plaisirs de la solitude

En reconnaissant l'existence de la solitude, nous ouvrons la porte à la possibilité d'en profiter pleinement. Bien que cela semble une curieuse d'idée pour ceux qui refusent de l'assumer, il y a beaucoup d'avantages à être seul. Pensons au plaisir de faire une marche seul, enfin à son propre rythme! Pensons au soulagement de pouvoir manger et se coucher à l'heure qui nous convient, sans être obligé de dépenser de l'énergie à négocier, à se justifier et à expliquer. Mentionnons également la possibilité de manger ce que l'on souhaite, de lire le livre qui nous intéresse, de s'habiller comme on le désire, et tout cela sans craindre le regard d'autrui.

Mentionnons quelques exemples d'activités que l'on peut faire pour profiter pleinement de sa solitude.

— Aménager ou décorer son milieu de vie;
— écouter de la musique;
— écrire ou lire;
— faire de l'exercice ou des sports (nager, danser, faire de l'équitation);
— Faire de la couture, des réparations ou de la rénovation;
— faire une œuvre d'art;
— jouer d'un instrument de musique;
— manger ou boire de bonnes choses;
— marcher pieds nus, ou avec des chaussures confortables;
— observer, admirer, contempler la nature;
— planifier ou organiser quelque chose;
— prendre soin de son corps: se laver, se maquiller, se coiffer, se parfumer;

— regarder le lever ou le coucher du soleil;
— s'asseoir au soleil;
— s'habiller d'une façon confortable ou porter de beaux vêtements;
— visiter de beaux endroits.

La liste qui précède comprend la lecture. En effet, comme vous pouvez le constater, vous n'êtes pas seuls présentement. Nous sommes en quelque sorte avec vous. Nous nous adressons à vous afin de partager nos réflexions et de vous aider à constater que nous sommes à la fois semblables et différents des autres êtres humains, ce qui nous relie tous ensemble dans notre humanité.

Nous avons vu dans ce chapitre que d'un certain point de vue, la solitude absolue n'existe pas autant qu'on le craint ou qu'on le croit. D'un autre point de vue, elle fait partie de notre vie quotidienne et nous avons avantage à en tenir compte afin de pouvoir en profiter. Permettez-nous de vous présenter dans le prochain chapitre deux des stratégies de base qui aident à cheminer de la solitude vers la plénitude.

Patricia

Patricia est une veuve dans la cinquantaine qui vit seule depuis plusieurs années. Suite au décès de son mari, elle s'est consacrée à l'éducation de ses deux filles qui ont maintenant quitté la maison. Bien qu'elles soient autonomes, Patricia demeure en contact étroit avec elles. Elle est également entourée d'amies qui l'accompagnent dans différentes activités culturelles.

La solitude est devenue un problème pour Patricia d'abord au décès de son mari, puis au départ de ses filles de la maison. Il ne s'agissait pas d'un problème de solitude aiguë puisqu'elle était relativement bien entourée, mais bien de la solitude associée à son désir de partager sa vie quotidienne avec une personne importante.

Sans nier l'existence d'un problème, Patricia ne se prive pas de l'occasion de profiter de ce qu'elle a. Malgré les propos décourageants de son entourage et quelques expériences décevantes, elle conserve l'espoir de pouvoir trouver un homme disponible qui voudra bien partager sa vie.

Patricia cherche pour l'instant à profiter de moments agréables avec les autres. Elle évite les groupes d'échange qui parlent trop de problèmes souffrants. Elle recherche surtout le partage du plaisir de vivre.

2

Par où commencer notre cheminement?

Félicitations! En décidant de parcourir ce livre, vous avez recours à deux stratégies importantes pour faire face à la solitude et apprendre à l'assumer: s'informer et réfléchir sur ce que nous vivons. Ces deux stratégies permettent d'atténuer l'impact négatif de la solitude et d'y découvrir des occasions d'enrichir notre existence.

Prendre le temps de s'informer

Rechercher de l'information de qualité nous permet d'éviter d'être à la merci de nos idées préconçues et de nos habitudes. Il est souvent bien tentant de reprendre les chemins battus plus familiers et plus faciles. Ainsi, nous pourrions sauter sur la première occasion qui se présente et vivre de nouveau avec une personne semblable à celle que nous venons de quitter. C'est ce que nous connaissons! Malheureusement, parfois, les chemins que nous connaissons ne nous mènent pas où nous souhaitons aller!

Après une séparation pénible, Florence fut surprise de constater que son nouvel ami était aussi violent et aussi menteur que son ancien mari. Germain, quant à lui, se retrouva avec une amie envahissante et contrôlante qui ressemblait étrangement à bien des femmes de sa vie.

Revivrons-nous le même style de relation que nous avons vécu? Choisirons-nous un partenaire qui ressemble étrangement à celui que nous venons de quitter? Réfléchir et pendre le temps de s'informer sur notre situation actuelle permet de mieux comprendre où nous en sommes et pourquoi nous y sommes. Prenons le temps de nous renseigner sur les différentes façons de vivre seul et en paix avec soi-même. Recherchons comment profiter de ce temps d'arrêt. Tentons d'identifier les meilleures façons de changer cette situation si nous le désirons. Faisons un bilan: « Quels sont les risques réels associés à la solitude?» «Quels sont ceux qui sont inhérents à la création de liens avec autrui?» Nous serons mieux équipés pour traverser ce que nous avons à vivre.

Jacques constata qu'il ne connaissait qu'un modèle de vie conjugale: celui de ses parents. Cela ne réussissait pas à le rendre heureux. Il avait besoin de plus d'informations sur les différents moyens de bâtir une vie de couple.

Amasser de l'information ne suffit pas, il faut aussi se donner un espace de réflexion! Ainsi nous évitons d'être à la merci de nos réactions spontanées. Notre mémoire nous amène parfois spontanément à interpréter les événements selon nos préjugés et nos expériences antérieures. Le sens que nous donnons aux événements ou aux situations a un impact important sur notre vie. Nous pouvons, par exemple, donner différentes significations à la solitude. Selon le sens que nous lui donnons, nous pouvons vivre:

La colère: c'est injuste! Cela ne devrait pas être ainsi!

L'inquiétude: je suis à la merci des difficultés. Je ne pourrai jamais faire face aux problèmes de la vie.

La tristesse: je ne vaux rien. Personne ne m'aimera jamais. Ma vie ne vaut plus la peine d'être vécue.

L'envie: les autres vivent ce que je veux vivre.

La jalousie: quelqu'un m'a pris ce qui devait être à moi.

Le soulagement: enfin! Je n'aurai plus à endurer ce qui n'est pas endurable.

La curiosité: qu'est-ce que je vais apprendre? Comment vais-je me développer?

La liberté: la suite de ma vie m'appartient. Je peux apprendre ce que j'ai besoin d'apprendre pour augmenter mes chances d'établir des relations satisfaisantes.

La réflexion nous permettra d'évaluer la justesse de nos croyances au sujet de la solitude. Que signifiait pour vos parents le fait d'être seul? Que disaient-ils des gens qui vivaient seuls? Plusieurs préjugés peuvent nous tourmenter. Le fait de les identifier et d'y répondre peut nous aider à diminuer l'intensité de certaines émotions désagréables.

Identifier les préjugés

Vous entendrez des gens dire: «Les personnes seules ont quelque chose qui ne va pas»; «Elles ne sont pas assez bonnes pour qu'on veuille d'elles»; «Elles ont un caractère que personne ne peut endurer»; «Elles ne sont pas désirables et sont indignes d'être aimées»; «Elles sont aigries, désagréables, inaptes, frustrées». Ne croyez pas tous ces préjugés. Évitez de transformer l'impression d'avoir été rejeté ou déserté en jugement définitif sur ce que vous êtes. Ne vous engagez pas dans dans un processus interminable d'auto-accusations injustifiées.

Nous sommes tous dignes d'être aimés! Ne vous laissez pas convaincre par les jugements erronés basés sur des préjugés d'un autre siècle. Laissez-nous plutôt vous parler du courage de ceux qui ne tolèrent pas l'intolérable, de l'injustice qui est faite à certaines personnes et de l'aveuglement de ceux qui les entourent. Soyez votre propre juge! Vous seul pouvez tenir compte de l'ensemble des informations. Vous seul savez tous les efforts que vous avez faits, toute la bonne volonté que vous aviez et toutes les difficultés que vous avez rencontrées. Ne faites pas l'erreur de laisser des «passants» devenir votre juge. Ils risqueraient d'être mal informés et de ne pas partager vos valeurs. Développez en vous un petit juge qui tiendra compte de l'ensemble des informations.

Développer plusieurs ressources intérieures

Ce petit juge n'est d'ailleurs qu'un des nombreux personnages intérieurs que nous vous suggérons d'élaborer. Nous vous encourageons à développer vos ressources. Devenez pour vous-mêmes un petit explorateur, un ami bienveillant, un comptable minutieux et un avocat dévoué.

Développez en vous un petit explorateur, curieux et actif, qui est intéressé à repousser les limites de ce que vous connaissez et à agrandir le terrain de votre vie. Ce petit explorateur vous sera précieux lorsque vous voudrez quitter le chemin habituel et essayer d'autres sentiers.

Développez également à l'intérieur de vous un ami bienveillant, intéressé à vous connaître, qui vous encouragera d'une façon réaliste. Créez de plus, en vous, un avocat dévoué qui prendra votre défense face aux jugements sévères que vous pouvez parfois porter sur vous-mêmes, qui tiendra tête à la partie excessivement critique en vous en lui disant: «Cet être humain a fait du mieux qu'il a pu dans cette situation, compte tenu de ses connaissances et de ses ressources du moment!» Ajoutez finalement en vous un comptable minutieux qui enregis-trera vos bons coups plutôt que de ne comptabiliser que vos erreurs et vos difficultés. Ne vous sentez-vous pas déjà moins seuls à l'idée d'être habité par un ami, un avocat, un comptable et un juge?

Notre réflexion portera en partie sur l'évaluation réaliste des efforts que nous aurons à fournir pour attein-dre notre but. Si nous croyons qu'il faut être un manne-quin vedette, un milliardaire ou une femme parfaite pour rencontrer un partenaire, nous risquons de nous décou-rager, de ne faire aucun effort et de nous condamner à l'isolement. Par ailleurs, si nous croyons qu'une relation se crée facilement et sans effort, nous serons portés à mettre fin prématurément aux relations lorsque nous constaterons qu'il y a des compromis et des négociations à faire. Prenons le temps d'évaluer les efforts requis pour atteindre le but que nous recherchons. Si nous voulons revivre une relation de couple, nous aurons à investir l'énergie requise par l'adaptation de la vie quotidienne avec une nouvelle personne. Sommes-nous prêts à con-sentir les efforts requis pour former un nouveau couple? une famille reconstituée?

Reconnaître sa part de responsabilité

Se donner un espace de réflexion, c'est également pren-dre le temps de comprendre pourquoi nous nous re-trouvons seuls, actuellement, et d'identifier notre part de responsabilité dans cette situation. Il ne s'agit pas de se torturer avec la culpabilité mais bien d'identifier les domaines de responsabilité qui nous appartiennent.

Hélène en vint à reconnaître qu'être prête à tout endurer pour se sentir aimée la mettait dans une position vulnérable. Elle accumulait les frustrations jusqu'à ce qu'elle n'en puisse plus. Alors, elle explosait de rage, se sentait coupable, puis se remettait à endurer ce qui n'était pas endurable.

Il est évident que je ne suis pas responsable du fait que mon ex-partenaire ait été violent ou alcoolique mais il m'appartient d'éviter d'entrer en relation avec le même genre de personne. Peut-être ai-je des comportements, des attitudes qui attirent ces personnes? Nous avons le pouvoir de nous changer.

Il existe un courant de pensée selon lequel il faudrait suivre ses impulsions, faire ce que l'on veut, écouter son corps. Le «hic», c'est que parfois, notre corps nous dit des niaiseries! Il nous dit de fuir, alors que nous aurions avantage à rester. Ainsi, le jeune homme timide qui fuit se prive de l'occasion de constater que les autres ne sont pas dangereux. Il rate une possibilité de développer ses habiletés sociales.

Yvonne se retrouvait constamment dans de mauvais draps. Affamée d'affection, elle se sentait obligée d'avoir des relations sexuelles avec tous les hommes qui étaient gentils avec elle. Cela finissait par être décevant et devenait dangereux. Ces rencontres fortuites et furtives ne favorisaient pas une pratique sexuelle qui l'aurait protégée du sida ou des autres maladies transmises sexuellement. Dans son cas, un espace de réflexion était nécessaire au point d'être une question de vie ou de mort.

Sylvie avait l'habitude de coucher régulièrement avec son ancien mari dans le but de le calmer et d'éviter qu'il ne devienne violent. Elle se comportait de la même façon avec ses nouvelles relations masculines et était prête à fournir beaucoup de services sexuels pour un peu d'affection.

Elle dut toutefois se rendre compte que le fait de se prêter à des relations sexuelles pour faire plaisir aux autres, pour obtenir une faveur ou pour avoir la paix l'amenait à se débrancher de son corps. Elle parvenait de plus en plus difficilement à prendre plaisir aux contacts sexuels.

Naturellement, nous pouvons souvent nous fier à nos réactions spontanées. C'est surtout lorsque nous constatons que ces réactions nous amènent fréquemment dans la mauvaise direction que nous devons nous en méfier. Comment savoir si nous dirigeons notre énergie dans la bonne direction? C'est la question que nous nous posons souvent quand nous ne semblons pas obtenir les résultats que nous attendions ou quand nous avons peu d'énergie. Nous ne croyons pas qu'il existe «une» bonne direction. Chaque personne est un projet en voie de réalisation. Il y a toutes sortes de façons de vivre!

Hughette souhaite se marier jeune et aller vivre à la

campagne pour y élever 4 enfants, alors qu'Isabelle souhaite poursuivre ses études longtemps, demeurer célibataire et ne jamais avoir d'enfant. Jean souhaite passer sa vie à peindre et à voir ses amis alors que Léon court après une carrière d'homme d'affaires au niveau international.

Se rapprocher de ses buts

Nous avons chacun nos propres objectifs. Nous fixons nos priorités selon nos besoins, nos attentes et les ressources dont nous disposons. Chacun de nous a son projet de vie particulier. Il peut s'agir d'un projet déterminé selon les critères de la société dans laquelle nous vivons actuellement ou ceux de la société dans laquelle nous avons vécu notre enfance. Ce peut être aussi un projet sur mesure élaboré progressivement au cours de notre évolution personnelle.

Nous croyons que nous utilisons adéquatement nos énergies quand elles servent à poser des gestes qui nous rapprochent de la réalisation de notre projet de vie. Si les efforts que nous consentons nous amènent vers nos buts et si la stratégie que nous utilisons nous permet de satisfaire nos besoins, nous employons notre énergie dans la bonne direction.

La vie ne suit pas un tracé rectiligne. Elle nous impose souvent des ruptures dans la continuité de notre existence. Ainsi, une perte, une séparation ou un deuil peuvent nous faire dévier de la voie que nous avions imaginé suivre. Face à des imprévus, il nous arrive de perdre le cap. Nous nous retrouvons sur un chemin non prévu dans notre itinéraire.

Cesserons-nous alors tout effort pour parvenir à notre but? Nous reprendrons-nous en main, même si cela nous demande de nous réajuster à une nouvelle réalité? Faudra-t-il changer de destination ou simplement prendre une autre route? En d'autres termes, la vie nous interpelle : voulons-nous «prendre» la décision de vivre? Voulons-nous vivre pleinement?

Faire de son mieux

Vivre pleinement ne signifie pas pouvoir faire tout ce que nous désirons, sans limites et sans contraintes. Lorsque nous faisons le plein à une station-service, nous ne prenons pas toute l'essence. Nous remplissons notre réservoir. Vivre à plein, c'est faire de notre mieux compte tenu des ressources disponibles et du contexte de notre vie. Vivre à plein c'est récolter les plaisirs que la vie nous offre et faire les choix qui augmentent nos chances d'être satisfaits. Personne ne peut nous demander plus que de faire notre possible.

Quand nous connaissons une rupture ou un départ, il nous vient naturellement à l'esprit des «j'aurais dû» ou des «si j'avais». Il est toujours facile, après coup, de se dire qu'on aurait dû tourner à gauche plutôt qu'à droite. Nous avons alors plus d'informations qu'au moment où nous avons pris notre décision. Ces pensées cultivent des sentiments de culpabilité stériles. Rappelons à tous ceux qui sont facilement torturés par ce genre de culpabilité qu'au moment où ils ont pris leur décision, ils l'ont prise au meilleur de leur connaissance, compte tenu des ressources qu'ils avaient à ce moment. Ils feraient peut-être maintenant des choix différents.

Nous avons vu jusqu'ici les avantages à assumer l'existence de la solitude, à y réfléchir et à rechercher activement de l'information à son sujet. Nous verrons dans le prochain chapitre comment transformer la souffrance associée à la solitude en lieu de croissance.

Andrée

Andrée rencontra Charles au sein de son groupe d'amis. Aussi, dès le début de leurs fréquentations, ils étaient habitués à partager le quotidien et à parler durant de longues heures. Lorsqu'ils se sont mariés, ils avaient moins de temps pour échanger. Au fur et à mesure que leur relation se détériorait, leurs échanges devenaient des monologues. Déjà, Andrée se sentait seule...

Quand elle s'est retrouvée seule avec les enfants, elle a dû affronter le silence. Il y avait bien le babillage des enfants qui remplissait la maison, mais le dialogue était plutôt limité. Et il y avait ce lourd silence du soir qui remplit la maison quand les enfants s'endorment. Elle prenait le téléphone et papotait avec des amis. Il y en avait toujours un ou une pour l'écouter. Mais prend-on le téléphone pour raconter la blague faite par la secrétaire ou pour demander une suggestion pour le repas du lendemain? À qui montrer cette rougeur qui l'inquiète sur la peau de son fils, à qui souhaiter bonne nuit quand les enfants dorment déjà, avec qui prendre tranquillement un café avant d'entrer dans le tourbillon des activités de la journée?

Elle a vite pris l'habitude de raconter à sa fille ses petits tracas de la journée. Mais elle ne pouvait tout lui raconter. Alors le soir, elle écrivait son journal. Elle y trouvait une occasion de réfléchir sur ce qu'elle vivait. En se relisant, elle pouvait prendre une distance face au quotidien et à sa façon d'être.

3

Peut-on apprendre à être seul?

Doit-on nécessairement passer par la solitude pour atteindre la plénitude? La capacité de l'individu de vivre positivement des périodes de solitude constitue selon Winnicott (1969) l'un des signes les plus importants de la maturité du développement affectif. À travers une histoire personnelle comprenant idéalement la présence régulière de personnes fiables, nous en venons à être rassuré sur notre capacité d'être heureux même en l'absence des personnes importantes de notre vie, sans recourir à tout moment à la présence externe d'une personne rassurante. Ainsi, se développe l'aptitude à être seul, c'est-à-dire cette capacité positive d'être seul même en présence d'un autre.

La solitude est un état qui dépend plus de la perception que nous avons de nos liens avec l'entourage que de la présence physique des personnes. C'est la représentation intérieure que nous avons de nos relations qui nous permet de nous sentir «connectés» même lorsque nous sommes seuls. Au cours de son développement, l'enfant devient de plus en plus capable de supporter l'absence des figures parentales en intériorisant progressivement l'image des personnes importantes de son entourage. Par ce processus, il apprend qu'il y a de bonnes choses et de bonnes personnes dans l'univers et cette connaissance l'aide à affronter les frustrations sans qu'il en ressorte démoli et désespéré. Il apprend que plaisirs et frustrations font partie de la vie.

Bowlby (1984) souligne que face aux séparations, certains sont mieux préparés que d'autres. Il s'agit de ceux qui ont connu une relation avec des parents ou des substituts parentaux disponibles, remplis de sympathie et disposés à aider, et qui ont développé une image d'eux-mêmes comme celle d'une personne capable de susciter de l'amour et reconnue comme précieuse. Suite à des expériences heureuses durant l'enfance où les désirs d'amour, de réconfort et de soutien auront été respectés et remplis, il est plus facile d'établir d'autres relations remplies d'amour et de confiance tout au long de sa vie.

Identifier ses points faibles

Notons que ce n'est pas parce que certains sont mieux préparés que les autres doivent désespérer.Il est très utile de

40

reconnaître ses points faibles afin d'en tenir compte et d'augmenter ainsi notre qualité de vie. Identifiez vos points sensibles et vos points aveugles. Il est utile d'être conscient de ce qui vous a blessés, ce qui vous pousse vers la détresse, et ce qui vous aide à en sortir.

Suzanne perd ses moyens dès que quelqu'un parle fort. Cela la replonge instantanément dans son enfance alors que son père était violent verbalement et physiquement. Elle a appris à connaître cette réaction et à la combattre en analysant ces situations pour constater si elle a raison de croire qu'il y a un danger pour elle.

Nous avons tous été blessés. Nous avons tous survécu à ces blessures. Nous en ressortons tous porteurs de cicatrices et d'armures. Ces armures qui servent à nous protéger peuvent, hélas, aussi nous emprisonner et nous couper des autres.

Faire des choix plus sains

Le fait de ressentir et d'exprimer vos émotions peut vous aider. Les nouvelles expériences positives d'amour peuvent soigner les vieilles douleurs. Comme le soulignent plusieurs auteurs tels Gray (1993) et De Angelis (1993), le fait de faire de nouveaux choix plus sains change notre programmation émotionnelle en soignant nos peurs et en construisant une nouvelle confiance en soi.

En recherchant la présence de personnes accessibles,

41

disponibles, ouvertes, qui reconnaissent la valeur de ce que nous vivons, nous continuons à grandir et à développer notre capacité d'établir des liens positifs avec notre entourage. En fréquentant des gens capables de nous donner de l'attention, de l'affection et de l'appréciation, nous devenons de plus en plus capables de le faire nous-mêmes. Les personnes saines de notre entourage deviendront nos alliés dans la construction d'un projet de vie satisfaisant.

Déçu de ses relations antérieures, Simon prend maintenant soin de s'assurer que les personnes qu'il fréquente sérieusement sont prêtes à s'engager au même niveau que lui. Lorsque la personne devient suffisamment importante pour lui, il s'exerce à communiquer toute la vérité: la colère, la douleur et la tristesse, la vulnérabilité et l'inquiétude, les regrets, les souhaits et l'attachement.

Roxane, quant à elle, prend un soin particulier à demander ce dont elle a besoin. Elle combat ainsi sa tendance à se sacrifier pour les autres et obtient de l'information de qualité en observant la réaction de son partenaire à ses demandes.

La solitude peut être soit une occasion de croissance, soit une période de notre vie où nous attendons passivement sans rien apprendre sur nous. La vie apporte constamment des changements et certains de ces changements provoquent en nous un sentiment de détresse. La détresse est associée à la perception d'une menace à la satisfaction de nos besoins de base. Quand nous sommes en détresse, nous jugeons cette menace importante et nous doutons de notre capacité d'y faire face. La détresse reliée à la solitude est associée à la perception qu'il s'agit d'une situation menaçante et importante qui nous privera de la satisfaction de besoins de base sans que nous puissions y faire face.

Une fois seul, Léopold craignait de ne pas pouvoir tenir lui même la comptabilité dont s'occupait antérieurement son épouse. Il craignait de devenir déprimé, de ne plus pouvoir travailler et de perdre ses amis. Il avait peur que les gens se mettent à dire du mal de lui et que ses enfants ne viennent plus le voir. On voit ici que pour Léopold, la solitude est associée à plusieurs menaces importantes à ses besoins au niveau de la sécurité financière, de l'estime des gens et de l'affection de ses enfants.

L'impact de l'absence d'un être cher dépendra de la place que cette personne occupait dans notre vie, de sa fonction auprès de nous. Si nous nous attendions à ce que cette personne nous fournisse la sécurité financière ou qu'elle nous permette de demeurer dans notre maison, son absence sera une menace à notre sécurité et à notre autonomie personnelle. Nous évitons d'être à la merci d'autrui en assurant, dans la mesure du possible, notre autonomie.

Développer son identité propre

Si nous définissons notre identité en fonction de l'autre (la femme de..., le père de..., la fille de...), son départ sera une menace à notre identité. La personne qui se définit par rapport à une autre personne ne sait plus qui elle est en son absence. Nous avons tout intérêt à développer notre propre identité et nos propres goûts. Nous éviterons d'être à la merci de l'autre en apprenant à établir des relations égalitaires, où il y a place pour nos propres besoins et nos goûts personnels.

Louise consacrait une partie importante de son temps à prendre soin de sa mère. Elle s'est sentie bien inutile quand cette dernière la quitta pour être hébergée en institution. Elle perdait ainsi le rôle auquel elle avait consacré plusieurs années de sa vie et sa source principale de valorisation. Elle ne savait plus quoi faire de ses journées. Il importe, même pour les aidants naturels, de garder un œil sur leurs besoins et sur leur identité.

Le départ d'un être cher peut briser notre projet de vie. Au début de sa retraite, Michel prévoyait enfin profiter des biens accumulés avec son épouse. Malheureusement, cette dernière succomba à une crise cardiaque. Cela obligea Michel à refaire son projet de vie à partir de la nouvelle situation.

Percevoir avec justesse

Le fait que la détresse et notre perception des événements soient intimement reliées nous rappelle l'importance de percevoir avec justesse ce qui nous arrive. Certaines personnes voient des menaces là où il n'y en a pas. Elles imaginent constamment des catastrophes. Un silence de quelques jours se transforme, dans leur tête, en un abandon ou en une rupture définitive. Ces personnes anticipent constamment le départ de leurs amis ou l'échec de leur relation.

Pierre craignait constamment que sa fille de 16 ans fasse une fugue et se retrouve enceinte. Bien qu'elle ne lui ait donné aucune raison d'entretenir de telles inquiétudes, il vivait chaque retard de quelques minutes avec la certitude qu'elle était en détresse ou en fugue.

En considérant nos idées catastrophiques comme des hypothèses, et en reconnaissant notre tendance à dramatiser, nous éviterons de vivre à l'avance des dizaines de drames qui ne se produiront jamais. Il ne s'agit pas d'appliquer de façon simpliste la pensée positive. C'est fausser la réalité que de se dire que la vie est belle et que tout est pour le mieux dans le meilleur des mondes. La vie est parfois difficile, injuste, source de douleur et de souffrance. Nous croyons par contre important de concentrer nos énergies sur ce qui peut nous être utile. Une fois que nous avons fait ce que nous pouvions faire dans une situation, nous pouvons passer à autre chose. Ruminer des questions sans réponse ou se concentrer sur nos zones d'impuissance ne nous apportera rien de positif.

Olivier est obsédé par l'existence de la mort. Comment vivre en sachant que l'on va mourir un jour? Comment nouer des liens en sachant que les gens que l'on aime mourront un jour? Être vivant, c'est vivre avec une certaine incertitude quant à la raison de notre existence et quant à notre destination finale. Il s'agit du domaine de l'inconnu, de la foi. Quelle que soit notre croyance, nous pouvons choisir de concentrer notre énergie sur l'élaboration de notre projet de vie plutôt que sur des ruminations angoissantes et stériles.

Se connaître

Le lien entre la détresse et notre sentiment d'impuissance face à une situation souligne l'importance de bien se connaître, d'explorer activement ses capacités. Développez une relation positive envers vous-mêmes. Comme le souligne Winnicott (1969), avant d'être à l'aise avec la phrase «Je suis seul», nous avons d'abord à découvrir qui est ce «je», puis à découvrir ce que signifie «je suis».

Rappelons-nous que nous avons appris bien des choses, ne serait-ce que marcher, parler, aller à bicyclette ou conduire une automobile. Pensons à toutes les fois où nous avons douté de notre capacité pour finalement réaliser que nous apprenons ce que nous avons besoin d'apprendre.

46

Nous venons de constater que nous pouvons cheminer en apprenant de nos expériences. Nous verrons dans
le chapitre qui suit l'importance de bien distinguer
quand il est préférable de persévérer dans nos efforts et
quand il vaut mieux faire preuve de souplesse pour trouver de nouveaux moyens de nous approcher de nos buts.

Claudia

Claudia trouvait particulièrement difficile d'être seule pour prendre et assumer toutes les responsabilités concernant les enfants. Il devenait difficile de résoudre les situations même les plus simples. Elle se demandait: est-ce que je peux leur accorder la permission de sortir le soir? À quelle heure est-il raisonnable de les faire entrer? Ai-je mon mot à dire dans le choix des amis? Comme il aurait été bon d'avoir quelqu'un avec qui partager ces inquiétudes...

Elle se retrouvait aussi seule pour prendre toutes les décisions de la vie courante. Dans son mariage, Philippe décidait puis la consultait. Elle devait maintenant assumer ces décisions pratiques comme: «Faut-il prendre une hypothèque d'un an ou de cinq ans?» «Qu'est-ce qui est prioritaire?» «Prendre des vacances ou remplacer le réfrigérateur?»

C'est au moment où les enfants ont quitté la maison que Claudia a vraiment pris conscience de sa propre solitude. Elle s'était surtout concentrée sur la difficulté d'assumer seule son rôle de mère. Elle était maintenant seule face à sa propre vie d'adulte et de femme.

Décidée à faire plus que pleurer sur son propre sort, elle voulait retrouver ces contacts chaleureux de son enfance, de sa vie d'étudiante qui l'avait tellement comblée. À ce moment, sa priorité n'était pas de se trouver un compagnon pour meubler sa vie, mais d'établir un réseau de relations qui lui permettraient de se nourrir émotivement et intellectuellement.

4

Quand persévérer et quand innover?

Ce sont souvent les changements importants de notre vie qui nous ramènent vers la solitude. Chaque personne a son propre style de réaction au changement. Certaines deviennent tristes et pensent qu'elles n'ont plus de valeur. Elles sont convaincues que leur entourage est incapable de les aider et elles croient qu'il n'y a plus d'avenir. D'autres personnes deviennent anxieuses, sous-estiment leur capacité et surestiment les dangers. D'autres encore deviennent en colère et sont tentées d'imposer leur façon de voir par la force, le contrôle et la menace.

Chacun développe ses propres façons de diminuer l'intensité de son malaise. Certains se plongent dans les sports, d'autres vont à la chasse, bûchent du bois ou regardent la télévision. D'autres encore utilisent la «stratégie du frigidaire» et se mettent à trop manger. Certains vont plutôt «magasiner».

51

Identifier les stratégies inefficaces

Qu'est-ce qui fait que, malgré ces stratégies, nous soyons en détresse? Il arrive que ces stratégies familières ne sont plus disponibles. Nous devenons parfois anxieux au milieu de la nuit et la piscine publique est fermée.

Parfois, nos stratégies habituelles ne suffisent plus. La difficulté à affronter est tellement lourde qu'elle nous fait plier les genoux. Pensons à l'effet d'une vague de 12 pieds de haut sur un bon nageur. En d'autres occasions, notre stratégie habituelle devient une partie du problème. La personne qui avait l'habitude d'aller «magasiner» pour se détendre a maintenant des problèmes financiers. Plus elle est «stressée», plus elle fait des achats, et plus elle achète, plus elle devient stressée.

Certaines stratégies sont particulièrement nuisibles car elles génèrent de nouveaux problèmes. C'est le cas de la consommation excessive d'alcool et de nourriture. C'est également le cas de la conduite automobile dangereuse. Certaines personnes se défoulent en prenant le volant et en conduisant à haute vitesse.

Lorsque nous constatons que nos moyens habituels ne sont plus disponibles, qu'ils ne suffisent plus, qu'ils constituent une partie du problème ou qu'ils en créent de nouveaux, il est temps de développer de nouvelles façons d'affronter la solitude. En modifiant notre façon de faire, nous explorerons de nouvelles avenues, dont certaines seront plus utiles que les anciennes.

Identifier les attitudes mentales nuisibles

Il n'y a pas que les comportements qui peuvent nous conduire dans des impasses. Certaines attitudes mentales nous immobilisent. Parmi ces attitudes nuisibles, mentionnons la prédiction négative qui nous amène à abandonner prématurément nos efforts. Quand l'on se prédit des limites ou des échecs, on cesse ses efforts prématurément et on se prive d'occasions d'enrichir notre vie.

Anne se trouvait trop grosse. Elle était convaincue qu'elle ne trouverait jamais de partenaire. Lorsqu'un homme s'approchait d'elle, elle fuyait en se disant qu'il ne serait certainement pas intéressé à elle. Elle se privait ainsi de l'occasion de développer des relations intéressantes avec des personnes de l'autre sexe. Elle ne se donnait aucune chance de découvrir qu'elle avait tort.

Adèle a eu un mari alcoolique. Croyant qu'elle ne pourrait attirer un partenaire intéressant, elle a renoncé à fréquenter les hommes. Elle s'est ainsi installée dans une situation frustrante. Après un certain temps, cette frustration l'a amenée à réagir impulsivement aux avances insistantes d'un voisin. Ce n'est qu'une fois attachée à ce nouveau partenaire qu'elle a constaté qu'il avait lui aussi des problèmes avec l'alcool.

La prédiction négative d'Adèle s'est confirmée parce qu'au lieu de rechercher à mieux se connaître, à développer ses habiletés et à prendre le temps de rencontrer des personnes intéressantes, elle a laissé passer le temps sans rien apprendre. Nous nous rendons plus vulnérables à un échec quand nous nous croyons limités par ce que nous avons vécu au lieu d'explorer activement comment nous pouvons augmenter nos chances de nous améliorer.

Il n'est pas nécessaire de renoncer pour toujours à tous ses intérêts et à tous ses projets parce qu'on a connu une rupture. Cela serait choisir le désespoir. Ainsi, nous nous refusons la chance d'utiliser nos expériences, nos succès et nos apprentissages pour reprendre une route différente mais enrichissante.

Chercher la suite de sa vie

Comme nous l'avons déjà mentionné, nous vous suggérons de mobiliser le petit explorateur en vous pour trouver de nouvelles façons de réaliser vos projets et de développer vos champs d'intérêts. Plusieurs personnes trouvent de nouveaux moyens de poursuivre leurs buts et de satisfaire leurs besoins.

Elles trouvent un pont qui les aident, après la rupture, à poursuivre leur vie d'une façon différente mais satisfaisante. Comme nous l'avons souligné au début de ce livre, nous ne repartons jamais de zéro. Nous repartons avec notre bagage d'expérience et de ressources. Pensons à Christophe qui a déclaré faillite récemment. Pour lui, repartir de zéro, c'est une bien bonne nouvelle. Il était à moins cinquante!

Blanche connut une séparation après vingt ans de mariage. Elle perdait du même coup son conjoint, sa sécurité financière et son réseau social. Elle retourna sur le marché du travail. Elle y rencontra de nouvelles personnes et découvrit qu'elle pouvait avoir une vie bien remplie même si elle avait moins d'argent. Elle apprit mille et un petits trucs pour continuer à avoir des loisirs et soigner son apparence à moindre coût. Elle comprit qu'elle avait une valeur en dehors de celle d'être l'épouse de Christian. Elle entreprit de mettre à profit tous ses talents et put ainsi se fixer de nouveaux défis.

La vie de couple nous amène à confier à notre partenaire certaines responsabilités auxquelles nous renonçons temporairement. Une fois seules, plusieurs personnes sont surprises de retrouver des habiletés et des forces qu'elles avaient avant leur union.

Agathe découvrit qu'elle prenait du plaisir à gérer son budget et à conduire une automobile, alors qu'elle ne faisait plus ces activités depuis des années. Bernadette fut surprise de retrouver l'intimité qu'elle avait déjà avec ses deux filles avant de vivre avec son dernier partenaire. C'est maintenant à elle que ses filles demandent de réparer le grille-pain, et elle en tire une certaine fierté. Agathe et Bernadette ont retrouvé un autre chemin en continuité avec leur vie. Elles prennent plaisir à le parcourir et ont confiance que ce chemin les amènera dans la bonne direction.

Renoncer aux solutions inefficaces

S'entêter à persévérer dans la même direction peut parfois nous aider à surmonter des obstacles. Rappelons-nous toutefois que face à un obstacle inamovible, l'entêtement rigide peut nous faire perdre beaucoup d'énergie. Il se peut que je réussisse à défoncer un mur à travers lequel j'avais décider de passer. Cela me demandera beaucoup d'énergie, de matériel, d'efforts. J'aurais pu, tout simplement, accepter de modifier ma trajectoire de quelques pieds et découvrir une porte ou une fenêtre déjà ouverte.

Caroline voulait vraiment reprendre la vie commune avec le père de son fils Denis. Après plusieurs tentatives de réconciliation, elle dut se rendre à l'évidence que chaque rapprochement la précipitait dans une grande détresse. Il ne tenait pas ses promesses, l'insultait devant son fils et la bousculait de plus en plus souvent. Il n'avait pas changé et ne semblait pas intéressé à le faire. Elle finit par constater que ce serait avec un autre homme qu'elle devrait continuer sa vie.

Rappelons-nous la différence entre un moyen et un besoin. Lorsque nous constatons que le moyen choisi semble demander trop d'énergie, que le chemin prévu ne mène pas dans la bonne direction, il peut être sage de chercher une autre façon de satisfaire nos besoins. Gardons notre esprit ouvert à toutes sortes de possibilités.

Plusieurs personnes veulent absolument reformer

un couple rapidement après une rupture. Pour ces personnes la vie de couple constitue le seul moyen de satisfaire leurs besoins de base. Penser ainsi les prive de connaître d'autres façons de combler la solitude, de se sentir aimées et valorisées. Vivre en couple n'est pas la seule manière d'établir des relations qui répondent à nos besoins. Avant de recréer le même modèle de relation qui nous a conduit à un échec, nous pouvons explorer différents modes de relation et faire ensuite un choix éclairé.

Malheureusement, certaines personnes trouvent leur vie tellement souffrante qu'elles en viennent à penser que la seule porte de sortie qui leur reste est le suicide. En effet, plusieurs personnes qui ont vécu une séparation ou un divorce disent que l'idée du suicide les a effleurées. Pour elles, la mort devenait la seule solution au problème qu'elles vivaient. Rappelons qu'il est important de rester actif et de continuer à chercher d'autres moyens de diminuer la souffrance et d'augmenter notre qualité de vie. On peut se rattacher à la vie en créant de nouveaux liens significatifs. Cela demande de se donner du temps pour découvrir un style de vie qui nous convienne. Souvenons-nous que même lorsque nous n'avons plus d'espoir, nous pouvons garder l'espoir que l'espoir revienne.

Nous venons de constater l'importance de réfléchir et de nuancer nos jugements sur la pertinence de poursuivre ou de cesser nos efforts. Nous verrons au prochain chapitre l'importance de faire preuve de discernement dans notre façon de nous relier aux autres.

Marie-Claude

Victime de sa première peine de cœur, Marie-Claude était persuadée que la vie ne valait plus la peine d'être vécue. Elle avait aimée Vidal plus qu'elle croyait possible d'aimer qui que ce soit au monde. Elle croyait que la souffrance qu'elle ressentait durerait toute sa vie et elle refusait à ce moment-là d'envisager la possibilité d'aimer à nouveau.

Heureusement Nicole, son amie, s'aperçut de sa détresse et demeura près d'elle au cours de cette crise. Cette présence compréhensive aida Marie-Claude à commencer à vivre son deuil. Elle exprima beaucoup de tristesse, puis de la colère, de l'inquiétude et des regrets. Elle avait surpris Vidal avec une autre fille et se sentait humiliée qu'il l'ait trompée sans qu'elle s'en rende compte.

Le lien qu'elle avait avec son amie lui permit de traverser cette crise, de chercher une façon d'exprimer ce qu'elle avait à dire à Vidal, de se donner du temps pour laisser cicatriser ses blessures, puis d'envisager la possibilité qu'elle puisse poursuivre sa vie en ayant appris quelque chose de cette relation décevante.

5

Qu'est-ce qui nous manque?

Certains recherchent temporairement la solitude. S'isoler peut nous apporter un soulagement temporaire. Quand nous venons de nous séparer, de perdre un emploi ou d'apprendre que nous avons une maladie, il peut être difficile de négocier sans cesse avec notre entourage. On préfère souvent se retirer, s'organiser seul. Il peut être bénéfique de faire un temps d'arrêt. Cela nous permet de refaire nos forces.

Cependant, après un certain temps, nous constatons que notre situation se détériore au lieu de s'améliorer. C'est un signal qui nous informe que notre isolement devient une source de difficultés supplémentaires. Nous avons tous besoin d'entrer en relation avec les autres. Avoir des amis est une nécessité. L'énergie investie auprès de nos amis nous revient au centuple si l'on fréquente des personnes saines qui savent recevoir et donner.

Nous pouvons entretenir toute une gamme de relations amicales. Certaines personnes aimeront partager nos loisirs mais se sauveront à toute jambe si nous leur parlons de maladie ou de souffrance. D'autres personnes seront des confidents fiables et compréhensifs, mais deviendront fuyantes si nous leur demandons de nous aider à peindre notre appartement. Entretenons un réseau social constitué de connaissances et d'amis plus ou moins intimes, de personnes très différentes qui nous aideront selon leurs propres ressources et leurs propres capacités.

Choisir ses amis

Les stratégies de rencontre peuvent aussi camoufler des pièges. Lyne se plaignait du fait que les hommes qu'elle rencontrait avaient tous des problèmes: malades mentaux, anciens détenus, alcooliques, drogués ou violents. Lorsque nous lui avons demandé comment elle les choisissait, Lyne nous expliqua qu'elle est souriante et accueillante envers tous les hommes qui l'approchent dans les rassemblements publics.

Lyne est victime des personnes qui se lancent énergiquement à la recherche de nouvelles relations. Ces personnes sont souvent celles qui sont les plus avides de contact, celles qui ont une vie personnelle insatisfaisante et qui ont déjà subi plusieurs frustrations. Elles savent vite identifier parmi la foule les personnes accueillantes et souriantes auprès de qui elles pourront tenter de s'imposer.

En contrepartie, les personnes ayant l'air un peu plus réservé sont moins importunées et peuvent choisir de s'approcher progressivement des personnes qu'elles choisissent elles-mêmes d'aborder ou de laisser s'approcher. Dans la marée des relations humaines, les premières personnes qui vous rejoignent ne sont pas nécessairement celles qui vous conviendront le mieux.

Lyne faisait preuve d'une trop grande ouverture. De la même façon qu'une porte à la maison est bien utile pour garder son intimité, une frontière personnelle à l'intérieur de laquelle nous ne laissons entrer que des personnes choisies nous permet de vivre une vie intérieure plus riche et d'avoir plus de contrôle sur nos relations. Les gens sans frontières demeurent «ouverts à tout vent» et risquent d'être à la merci des personnes les plus rapides, pas nécessairement les plus agréables, qui s'installeront afin de satisfaire leurs propres besoins.

Nous vous invitons à avoir une porte qui vous permet de laisser les gens non désirés hors de votre territoire. Il est aussi utile d'avoir plusieurs portes à l'intérieur de vous. Imaginez que vous êtes comme une maison ou un appartement; vous pouvez garder les gens un certain temps dans l'entrée, puis en amener dans la cuisine ou dans le salon. Il est toujours préférable d'avoir le choix. Certaines personnes oublient qu'elles ne sont pas obligées d'avoir une seule porte qui donne immédiatement dans la chambre à coucher!

Méfiez-vous des contacts trop faciles. Ils peuvent se

faire et se défaire rapidement. Alain était heureux de coucher le premier soir avec Aline même si elle trompait ainsi son compagnon du moment. Avait-il vraiment des raisons d'être surpris lorsqu'elle coucha plus tard avec Claude dès leur première rencontre, le trompant à son tour?

Cela vaut parfois la peine de prendre le temps de connaître les gens réservés et un peu timides. L'énergie qu'on y investit est proportionnelle à la solidité du lien créé. Cela vaut également la peine de prendre son temps avant de laisser les gens entrer dans son intimité. Cela nous donne le temps de choisir les personnes qui nous conviennent et de dénouer sans trop de douleur les relations toxiques avant qu'elles n'empoisonnent notre vie.

«Les hommes sont tous pareils», nous disait Jocelyne. Elle se plaignait du fait que tous les hommes ne pensaient qu'au sexe et n'avaient aucune considération pour elle. Elle oubliait toutefois de spécifier qu'elle les choisissait toujours dans les bars à deux heures du matin. Ce sont ceux que l'on peut qualifier de «résidus déposés par la dernière vague de la soirée» qui lui posaient problème. Peut-être vaudrait-il mieux chercher ailleurs. À pêcher toujours au même endroit, avec le même genre d'appât, on risque de pêcher le même genre de poisson.

Remettre en question ses habitudes

Le choix d'un partenaire est un phénomène complexe. Trop de personnes sont mystérieusement attirées par un partenaire qui leur semble sympathique pour découvrir plus tard qu'il s'agit d'une personne excessivement dépendante, jalouse ou violente. Après plusieurs choix qui s'avèrent erronés ou biaisés dans la même direction (encore un homme violent, encore une femme toxicomane, encore un menteur, encore une profiteuse, etc.), il vaut mieux se demander comment il se fait que l'on se retrouve toujours avec le même genre de personne. Si vous avez une histoire personnelle qui vous a amené à vivre auprès de ce genre de personne, méfiez-vous du sentiment de familiarité qu'il dégage. Vous pouvez prendre pour une attirance amoureuse ce qui n'est que le sentiment de vous retrouver en terrain connu.

Comme nous l'avons vu, la difficulté de rencontrer un nouveau partenaire intéressant peut être associée à notre stratégie de rencontre. Il se peut aussi que nous devions réviser nos critères de sélection. Certaines personnes sont attirées par une très belle apparence physique mais sont surprises de se retrouver avec une personne qui accorde une importance exagérée à son image. Plutôt que d'avoir recours aux critères visuels prônés par les médias, branchez-vous sur vos sentiments. Demandez-vous comment vous vous sentez en présence de cette personne. Mieux vaut passer une soirée agréable auprès de quelqu'un avec qui vous vous sentez bien plutôt que de passer une soirée ennuyante avec une beauté sans intérêt.

Si vos réactions spontanées vous ont souvent joué des tours, essayez autre chose. Ralentissez vos stratégies amoureuses afin de pouvoir être attentif aux indices qui vous informeront sur les valeurs et les intérêts de la personne que vous cherchez à connaître. Les insultes lancées aux autres automobilistes sur le trajet du restaurant et les gestes brusques envers votre chat pendant une soirée en tête à tête peuvent vous annoncer le sort qui risque de vous attendre!

Choisir ses groupes d'appartenance

Nous avons surtout parlé du choix d'un partenaire, mais la prudence est également de mise dans le choix des groupes auxquels nous adhérons. Le choix d'un groupe d'appartenance est également un phénomène complexe. Méfiez-vous là aussi des contacts trop faciles. Dans un moment de détresse, certaines personnes se laissent séduire par des groupes marginaux qui recrutent activement les personnes en détresse.

Il peut être tentant de mettre de côté son sens critique, son identité et ses croyances dans l'espoir d'appartenir enfin à un groupe qui semble empreint de chaleur et d'amitié. Il y a toute une différence entre la décision volontaire de suspendre temporairement son jugement critique pour faire place à une expérience personnelle et la perte de son identité suite à une séduction bien orchestrée. Le coup de foudre que peut provoquer l'évocation de la satisfaction de nos rêves et de nos fantasmes peut être basé sur une idéalisation illusoire.

Alexandre s'est retrouvé au sein d'un groupe politique dont il ne partageait pas l'engagement, parce qu'il trouvait jolie la fille qui avait sollicité sa présence. Audrey a fréquenté un certain temps une secte jusqu'à ce qu'elle constate qu'elle payait cher cet environnement chaleureux. Elle ne se sentait plus seule. Elle ne se sentait plus du tout. Elle n'avait plus de temps pour elle-même. Elle perdait son identité.

Nous vous invitons à vous méfier de tout regroupement qui vous demande de vous isoler de vos proches, de renoncer complètement à vos croyances à vos idées et qui ne laissent pas de place pour le questionnement et les remises en question. Cette méfiance est encore plus importante si vous décelez que ce mouvement est géré par un individu autoritaire qui en tire des bénéfices personnels.

Face aux groupes que vous fréquentez, demandez-vous régulièrement s'ils correspondent bien à vos besoins, si vous vous y sentez respectés et s'ils favorisent votre évolution personnelle dans la direction de vos buts. Nous sommes toujours plus à l'aise avec l'idée d'un cheminement progressif, qui tient compte de notre histoire personnelle, qui se fait en continuité avec ce que nous sommes, et qui laisse place à un changement progressif et réfléchi.

Rechercher la satisfaction de ses besoins

Nous vous encourageons donc à la prudence afin d'éviter les stratégies de rencontre inefficaces ainsi que la répétition de choix insatisfaisants. C'est tout un défi que de créer des liens sains et durables. Malgré ces difficultés, nous persévérons dans nos efforts parce que nous avons besoins les uns des autres. La présence d'autrui peut en effet nous permettre de satisfaire toutes sortes de besoin. Voyons des exemples de l'utilité de nos relations.

Comprendre et régler les problèmes

L'autre m'apporte:
— de l'aide pour approfondir, comprendre la nature des problèmes et explorer les solutions possibles;
— du support pour dédramatiser les problèmes et m'aider à réagir avec moins d'intensité;
— un point de vue différent sur un comportement, donc une évaluation extérieure de ce que je fais;
— de l'information et des directives;
— un accompagnement dans certaines démarches;
— une aide concrète pour exécuter des tâches précises.

Amour et amitié

L'autre me permet:
— de partager mes émotions avec quelqu'un que j'apprécie;

— d'avoir quelqu'un près de moi;
— de sentir que l'on s'occupe de moi et que je peux m'occuper de lui;
— de me savoir aimable et important pour quelqu'un;
— de vivre des expériences positives et régulières;
— de pouvoir compter sur lui au besoin;
— de recevoir des conseils judicieux;
— de croire que quelqu'un sait me donner ce dont j'ai besoin;
— de pouvoir compter sur son aide si je lui demande;
— d'être rassuré parce qu'il est disponible;
— de parler avec quelqu'un qui m'écoute;
— d'être apaisé par sa présence;
— d'être réconforté, touché ou enlacé par quelqu'un.

Santé

Avec l'autre:
— j'ai des émotions agréables qui ont des effets positifs sur ma santé;
— je développe des comportements plus positifs pour ma santé (moins boire d'alcool, ne pas fumer).

Loisirs et services

L'autre:
— me fournit des occasions de socialisation à travers des activités agréables;

— me donne l'occasion de me sentir utile pour guider ou supporter quelqu'un d'autre.

Appartenance

Avec l'autre:
— j'ai la sensation d'être intégré à la communauté;
— je participe aux organisations de la communauté et j'entre en contact avec des amis;
— je m'intègre à des organismes qui rejoignent mes croyances;
— j'ai des échanges réguliers.

Bien que la relation avec autrui soit essentielle, elle ne nécessite pas qu'une seule personne satisfasse tous nos besoins! Il ne s'agit donc pas de se lier avec une seule personne, mais d'établir un réseau de relations qui nous permettront de satisfaire différents besoins. En l'absence de l'ami qui partageait certaines de ses activités, la personne seule aura avantage, par exemple, à trouver de nouveaux partenaires avec qui prendre des repas ou faire de l'exercice. Elle pourra également développer sa capacité d'exercer seule des activités de maintien de santé.

Clairette, âgée de 74 ans, vit seule. Elle a décidé de continuer à vendre des cosmétiques auprès de clients réguliers qui demeurent près de chez elle. Cela lui permet de passer des soirées agréables à discuter de tout et de rien avec ses clients. Elle a de plus remarqué que, comme cela l'amenait à marcher, ses articulations s'en portent mieux.

Au moment de laisser entrer quelqu'un dans votre vie, utilisez toutes vos ressources! Tenez compte de vos besoins réels et de vos sentiments à son égard. Gardez une bonne place pour votre intelligence et votre esprit d'observation. Cela vous permettra de faire plusieurs hypothèses sur le type de personnes que vous avez devant vous et sur les conséquences prévisibles de vos choix. Utilisez finalement votre mémoire afin de vous rappeler ce que vous avez appris de vos expériences antérieures et définissez ainsi vos objectifs à long terme.

Nous pouvons aussi décider de remplir nous-mêmes certains de nos besoins. Nous avons avantage à développer notre propre identité, notre propre sentiment de sécurité et à utiliser de façon autonome nos forces et nos ressources. Nous venons d'explorer l'importance de bien choisir les personnes que nous laissons entrer dans notre vie. Nous verrons dans le prochain chapitre l'importance des pensées et des croyances qui nous gouvernent.

David

David trouvait particulièrement humiliant de se retrouver au sein d'un groupe de personnes seules qui recherchaient un partenaire. Il était envahi par des images où il se voyait comme un pauvre bougre sans envergure qui ne pourrait susciter que de la pitié. Plus il voyait la situation comme humiliante et absurde, plus il perdait ses moyens au moment d'entrer en contact avec une autre personne.

Il se sentait particulièrement honteux de ses appels à trois heures du matin, sous l'effet de l'alcool, pour tenter de sentir au moins un peu de chaleur au contact d'anciennes amies. Il ne réussissait alors qu'à se faire un peu plus mal et à avoir encore une fois le sentiment d'être rejeté. Ses démarches impulsives ne faisaient qu'éloigner les gens sains autour de lui.

Il se mit à prendre du poids, à boire de plus en plus et à négliger son habillement et son hygiène personnelle. Il était entré dans un cercle vicieux qui le rendait de moins en moins attrayant pour autrui, et de moins en moins capable d'établir une relation saine.

Ses relations ne se sont améliorées que lorsqu'il se décida à améliorer sa relation avec lui-même.

Avec l'aide d'un psychothérapeute, il parvint à faire tourner les événements du bon côté. En prenant soin de lui-même, il se préparait à devenir un bon partenaire. C'est en se présentant à son meilleur, tout en étant lui-même, qu'il put nouer quelques amitiés dont une se développa en une relation intime saine et durable.

6

Quelle pensée croire?

Face à la solitude, nous entretenons envers nous-mêmes certaines pensées qui sont excessivement sévères et destructrices. Ce sont ces pensées rigides qui n'admettent pas d'exceptions. Nous nous évaluons en terme de tout ou de rien, sans aucune nuance: «Je suis avec un conjoint ou je ne vaux rien.» D'autre fois, nous nous demandons l'impossible: «Je dois toujours être aimable à 100%.» Ou bien encore, nous nous attendons constamment au pire: «Une femme est certainement en train de me voler mon mari.» Nous pouvons aussi généraliser à partir d'un événement isolé ou d'un préjugé: «Tous les hommes sont violents.» Nous profiterons mieux de la vie si nous apprenons à nuancer ces pensées et à modifier ces images.

Il ne s'agit pas de nier la souffrance et les difficultés. Encore une fois, il serait, selon nous, trop simple de croire que notre vie sera belle si nous voulons qu'elle le soit. Il arrive parfois des difficultés à des personnes qui ne les ont pas méritées. C'est là un des mystères de la vie. La vie ne fonctionne pas selon un principe de rémunération équitable. Je ne serai pas forcément à l'abri de tous les malheurs si j'ai été honnête, bon et dévoué. Nous faisons parfois tout ce qu'il y a à faire et nous n'obtenons pas le succès escompté. Il est toutefois plus rentable d'investir notre énergie dans des pensées utiles et efficaces. Lorsqu'on a un potentiel limité d'énergie, il devient encore plus important d'investir dans des attitudes fécondes.

Remettre en question ses croyances

Quand une pensée négative et nuisible nous hante, il devient nécessaire de semer le doute en nous. Est-ce que tout est horrible constamment? tout le temps? complètement? Il faut vraiment nier une partie de la réalité pour que cette phrase devienne vraie. Même au salon funéraire, dans les moments les plus tragiques, il arrive que la vie réclame sa part de joie et que le sourire ou le rire apparaît pour un court instant. Nous ne sommes pas obligés d'aimer ce qui nous arrive. Reconnaissons toutefois qu'il y a toujours des moments moins pénibles que d'autres. Nous avons toujours la possibilité de croire que notre vie se poursuivra et qu'elle deviendra progressivement plus agréable. Laissons cette lueur d'espoir s'épanouir et puisons dans cet espoir la foi que la vie reprendra son cours.

Kübler-Ross (1975) a mis l'emphase sur le fait que la souffrance reliée au deuil résulte en partie du sentiment que la vie n'a plus de valeur ou de signification. Rowe (1983) souligne le fait que la douleur peut provenir de la désorganisation qui suit l'effondrement de principes fondamentaux déterminant notre style de vie. Un enfant peut grandir dans la croyance qu'un Dieu aimant le protégera de tout mal aussi longtemps qu'il s'efforce d'être bon. Il construit le projet de sa vie sur ce postulat de base. Enfant, il fait honneur à ses parents; devenu adulte, il travaille fort et s'occupe de sa famille. Rien de mauvais ne peut lui arriver, pense-t-il. Sa réalité est basée sur le principe que «si vous êtes bon, Dieu prend soin de vous».

Puis un jour son épouse enceinte est tuée par un chauffard intoxiqué par l'alcool. Comment expliquer cette mort? Est-ce que cela peut être expliqué à l'intérieur de la continuité de son système de croyances? Incapable d'accepter l'idée que son épouse et son enfant à naître étaient si mauvais que Dieu a refusé de les protéger, il doit considérer la possibilité que sa croyance en un Dieu qui protège les bonnes personnes n'est pas exacte et que la vérité est ailleurs.

Une fois qu'il comprend que cette croyance est le fruit de sa propre perception de Dieu, il peut modifier son système de croyances et se créer une autre continuité. Il peut abandonner sa foi en Dieu, décider que Dieu est méchant, ou décider que sa relation avec Dieu est plus compliquée qu'il ne le croyait. Il doit considérer la possibilité que la foi vienne avant la compréhension. Chacune de ces croyances établira une continuité différente.

Une désorganisation des croyances peut se produire dès l'annonce d'une séparation ou d'une rupture. La personne se rend compte que sa vie ne sera plus jamais la même. Chaque aspect de cette personne sera affecté (Severino, Friedman et Moore, 1986).

Certains types de croyance peuvent favoriser une détresse prolongée. C'est le cas des individus qui en viennent à voir le monde comme un endroit hostile où les choses peuvent vous être enlevées à tout moment (Lehman *et al*, 1987). Un tel point de vue s'accompagne souvent de symptômes dépressifs, de passivité et d'une faible motivation à s'engager dans des efforts d'adaptation. Le sentiment de culpabilité et la peur des représailles peuvent augmenter la douleur qui succède à une perte. Certains ont une philosophie de la vie ou des croyances religieuses qui entretiennent la culpabilité et mènent au pessimisme et à la peur.

Nous avons tous certaines croyances plus ou moins réalistes ou exactes au sujet des règles que la «vie» devrait suivre. Lorsque les choses ne se passent pas comme nous considérons qu'elles devraient se passer, nous réagissons. Le sentiment d'être trahi par la vie est fort chez un jeune homme qui perd sa compagne. Nous considérons souvent que nous avons «droit» à une certaine durée de vie, à la présence de notre partenaire et à certaines récompenses en nous comportant selon certaines règles. La vie et la mort ne respectent pas ces règles. Elles nous font réaliser que nous devons parfois modifier nos croyances.

S'attribuer une responsabilité partielle

Il est toujours triste de voir des gens convaincus qu'ils sont les seuls responsables de la solitude qui les frappe. Ils cherchent à expliquer cette responsabilité à partir de théories psychologiques simplistes: ils n'ont pas réglé leurs problèmes avec leur mère ou leur père, ou bien ils ont été mis sur le «petit pot» trop jeune ou bien... quoi d'autre encore! N'oublions pas que les théories psychologiques tentent d'expliquer la réalité. Elles ne sont pas la réalité. Chaque approche nous permet de voir une photo d'une situation sous un angle donné mais ne nous montre pas la situation réelle.

D'ailleurs, la recherche en psychologie met en lumière que les relations causales ne sont jamais simples. Il s'agit toujours d'un ensemble complexe de déterminants multiples. Les explications simples risquent d'être simplistes. Pensons à la complexité des influences sociales, des relations hommes-femmes, des préjugés racistes, sexistes, à ceux associés à l'âge, et à bien d'autres facteurs qui nous poussent à rechercher tel genre de partenaire et à fuir tel autre. Nous avons une marge de manœuvre que nous pouvons utiliser pour mettre les chances de notre côté. Nous ne sommes pas tout-puissants mais nous ne sommes pas non plus condamnés. Reconnaissons humblement qu'une certaine partie de ce qui nous arrive est hors de notre contrôle et tentons de déterminer les zones qui dépendent de nous et sur lesquelles nous pouvons intervenir. Nous ne pouvons que nous concentrer sur ce qui peut être fait à partir de maintenant.

Que nous subissions ou que nous provoquions une séparation, nous avons toujours une partie de responsabilité à assumer dans cette rupture, mais rarement la totalité. Nous pouvons reconnaître qu'une de nos attitudes ou un de nos comportements a contribué au fait que la séparation survienne. Cette prise de conscience est saine car elle nous évitera de commettre les mêmes erreurs. Cependant, évitons de gaspiller notre énergie à nous faire des reproches. Il est plus important de nous demander: «Qu'est-ce que je peux faire à partir de maintenant pour augmenter mes chances d'avoir une vie aussi agréable qu'elle peut l'être?»

Prendre le temps nécessaire

Il est impossible de trouver une solution rapide à tous les problèmes. Cela peut prendre du temps avant d'amasser l'information, de trouver une solution pertinente et d'être prêt émotivement à agir. Nous avons parfois avantage à retrouver un meilleur état psychologique avant de prendre des décisions. Dans la mesure du possible, il vaut mieux attendre que la situation de crise soit passée pour actualiser une décision qui changera le cours de notre vie.

Il est aussi important de tenir compte des personnes de notre entourage qui seront affectées par notre action. Il s'agit d'appliquer un principe que nous trouvons fondamental, s'assurer d'agir en se respectant et en respectant l'autre, dans la mesure du possible.

Bien qu'elle ait décidé de se séparer, Madeleine décida d'attendre un peu lorsque son mari entra à l'hôpital. Elle voulait éviter ainsi d'augmenter son sentiment de culpabilité en ayant l'impression d'avoir profité d'un moment où son mari était en position de vulnérabilité pour passer à l'action.

Rappelons-nous que nous devons parfois choisir entre des options toutes désagréables. Il n'est jamais intéressant d'entreprendre des démarches légales pour faire respecter nos droits par un ex-conjoint, mais est-il plus agréable de demeurer l'éternelle victime?

Si une personne croit en sa capacité d'accéder à une vie satisfaisante, la perte ou la solitude pourra être perçue, avec un certain recul, comme un défi à surmonter, une occasion de grandir et d'accéder à un nouvel équilibre. Nous avons vu dans ce chapitre l'importance de remettre en question certains modes de pensée rigides. Nous verrons dans le prochain chapitre de quelle façon nos rêves et nos désirs peuvent nous priver de satisfactions réelles.

François

François était obsédé par le fait que sa grand-mère n'avait jamais demandé à son mari tout ce que les femmes lui demandaient aujourd'hui! Il trouvait injuste de devoir se remettre en question. Il avait des croyances rigides acquises au cours de son enfance et se trouvait pleinement justifié de les maintenir. Qu'y avait-il donc de si mauvais dans son éducation? Il se trouvait responsable, efficace, sérieux. Il était même plutôt fier de lui.

Il dut toutefois constater que bien qu'il ait plusieurs amis masculins qui riaient avec lui de ses farces et l'appuyaient dans ses revendications «masculines», chacun d'eux était prêt à faire dans sa vie intime des concessions importantes. S'était-il fait jouer un vilain tour? Y a-t-il tant de différence entre le langage «officiel» et le vécu quotidien?

Bien que cela semble plus simple de suivre un code rigide sur ce que doit faire un homme et ce que doit faire une femme, il en vint à reconnaître que chaque amitié, et éventuellement chaque couple, est un nouveau projet en voie de réalisation, et qu'il n'y a pas de contrat standard pour ces relations. C'est en connaissant vraiment l'autre que l'on peut savoir s'il peut y avoir un terrain d'entente.

Il eut la surprise de découvrir qu'en changeant sa façon de voir le monde des hommes et celui des femmes et en demeurant un peu plus ouvert à l'importance d'avoir des relations égalitaires, il y gagnait au change.

Il pouvait plus facilement confronter les femmes qui ne semblaient s'intéresser qu'à son argent. Le partage équitable des dépenses réduisait son impression d'être exploité. Il pouvait retrouver le plaisir de donner de bon cœur sans se sentir obligé de le faire. Il pouvait profiter des contacts physiques tendres sans se sentir obligé de fournir une performance digne des athlètes olympiques.

7

Rêver ou vivre?

La solitude peut nous amener à être séduits par nos rêves. Il vaut mieux apprendre à distinguer nos besoins de nos désirs. Il n'y a pas de limites aux désirs. Nous voulons tous être immortels, tout-puissants, irrésistibles et constamment heureux. Qui ne rêve pas de tout savoir, de tout pouvoir et d'être aimé en tout temps, sans efforts et sans contraintes! Malheureusement, ces désirs ne sont pas réalistes. Ils peuvent nous empêcher de satisfaire nos besoins.

Souhaitez-vous être un modèle de générosité, de considération, de dignité, de courage et d'oubli de soi? Méfions-nous de notre désir d'être des anges. À trop vouloir faire l'ange... on en vient à se torturer d'une façon diabolique! On se tourmente par exemple en se concentrant sur une occasion où l'on a été impatient avec son conjoint malade, oubliant toutes les fois où l'on a été très patient. Rappelez-vous du bon comptable que nous vous avons suggéré d'accueillir en vous. Tenez compte de vos bons coups. Rappelez-vous des moments où vous avez agi selon vos valeurs. Situez les comportements que vous évaluez inacceptables dans le contexte où ils se sont produits. C'est la meilleure façon de relativiser vos sentiments de culpabilité. N'oubliez pas ces moments où, selon vous, vous avez été inadéquats et servez-vous de ces expériences pour faire les choses d'une autre manière à l'avenir.

Démasquer certains rêves

Nos désirs angéliques et nos rêves de vouloir aider tout le monde camouflent parfois une vulnérabilité insoupçonnée. C'est le cas de certains aidants naturels qui se concentrent sur la vie des autres afin d'éviter de se centrer sur eux-mêmes. Cela les prive de l'occasion de développer leurs capacités et de répondre adéquatement à leurs besoins.

Yolande trouve un sens à sa vie en aidant les gens de son entourage. Toute sa valeur personnelle est déterminée par cette capacité de prendre l'autre en charge, de l'aider. Elle trouve sa propre satisfaction dans la réussite de l'autre. Elle est un «sauveur». Tant que quelqu'un a besoin d'elle pour avancer, elle est satisfaite. Lorsque son amie Sophie évolua au point où elle finit par se prendre en main et par voler de ses propre ailes, Yolande fut atterrée. Elle avait perdu sa source de satisfaction et sa raison de vivre. Le comportement de «sauveur» de Yolande camouflait une grande dépendance envers la personne dont elle s'occupait.

Plusieurs de ses amies fuient d'ailleurs sa sollicitude, de peur de se retrouver prises avec une dette qu'elles ne pourraient jamais rembourser. Le véritable don de soi et la saine générosité émergent d'une vie équilibrée; loin d'emprisonner celui qui reçoit, ils le libèrent.

Au lieu de se torturer en voulant être aussi dévoués que mère Teresa, aussi en forme que les athlètes olympiques, aussi beaux que les mannequins vedettes et aussi comiques que certains comédiens, acceptons d'être nous-mêmes et intéressons-nous aux modèles positifs de notre entourage. Recherchons près de nous des personnes que nous trouvons intéressantes. Choisissons de préférence des personnes qui sont quelques pas en avant de nous dans la direction que nous souhaitons suivre. Cela nous stimule et nous révèle des horizons nouveaux.

Respecter son rythme

L'identification de nos besoins de base peut constituer une des premières étapes vers l'atteinte d'une vie plus satisfaisante. Il importe, entre autres, d'identifier notre besoin de respecter notre rythme. Certains se perdent de vue et prennent les bouchées doubles. Il ne serait pas

85

indiqué, par exemple, de se marier, d'avoir un enfant, de déménager et de commencer un nouvel emploi en même temps! Même les événements heureux demandent un effort d'adaptation et mobilisent une grande quantité d'énergie. Nous avons une capacité limitée d'absorber une série de changements. Tout changement majeur, qu'il soit positif ou négatif, suscite un stress. L'accumulation de stress peut avoir des effets néfastes sur notre santé physique ou psychologique.

Dans une même semaine, Philippe amorçait une nouvelle relation, commençait un nouvel emploi et obtenait la garde de son fils. Il avait l'impression de jongler avec huit balles à la fois! Ce n'est que quelques jours plus tard, au moment où il put s'arrêter, qu'il sombra dans un état de désespoir profond. Épuisé, il était loin d'être à son meilleur pour amorcer sa nouvelle carrière et sa nouvelle relation.

Utilisons notre marge de manœuvre pour étaler nos efforts sur une certaine période de temps. Nous pouvons le faire en tenant compte de notre réservoir d'énergie et en nous ménageant du temps pour refaire le plein, se reposer et s'amuser. Nous avons souvent tendance à sous-estimer la quantité d'énergie drainée par les sentiments associés à une rupture ou à la recherche intensive de nouvelles satisfactions. Nous nous lançons dans un tourbillon d'activités comme si nous voulions effacer toutes traces négatives laissées par la séparation ou la frustration. À jouer ce jeu, nous nous leurrons.

Les sentiments que nous refusons de vivre remonteront à la surface, tôt ou tard, sans que nous soyons conscients des événements qui les ont suscités. Accordons-nous la permission de vivre nos sentiments sans nous juger, car les sentiments ne sont ni bons ni mauvais. Ils nous informent de l'importance de ce que nous vivons et véhiculent une énergie que nous pourrons investir pour améliorer notre sort. Il nous appartient cependant de trouver des façons acceptables de les vivre et de les exprimer.

Aller à l'essentiel

Nous devons parfois mettre nos rêves au réfrigérateur. Lorsque se présente une situation de crise, nous devons agir rapidement. Il n'y a pas de place pour la recherche d'un idéal quelconque. Pensons par exemple aux personnes violentées, qui prennent la décision de quitter la maison suite à une explosion de violence. Dans de telles situations, il s'agit d'établir nos priorités d'action pour utiliser à bon escient l'énergie dont nous disposons. Il convient d'abord d'assurer notre sécurité physique et celle de nos enfants, s'il y a lieu.

Il est bon, même dans ces situations, de s'accorder un temps d'arrêt avant d'entreprendre la réorganisation de notre vie. Assurons-nous d'aller à l'essentiel et de maintenir un fonctionnement minimal. Nous aurons le temps, plus tard, d'envisager l'achat d'une maison ou un changement d'emploi. Efforçons-nous de vivre notre quotidien et ses exigences. Ménageons-nous un espace où nous pourrons liquider les émotions que nous vivons. Quand nous aurons évacué cette souffrance aiguë que la rupture nous fait vivre, nous pourrons commencer à faire les changements qui nous rapprocheront du style de vie désiré.

Constance vient de passer trois jours sans dormir, suite à la maladie d'un de ses trois enfants. Le téléphone sonne. Rémy souhaite lui parler de la qualité de leur relation et lui demander de changer certaines de ses habitudes. À bout de nerf, elle l'envoie promener énergiquement. Tous deux parlent même de se quitter jusqu'à ce que Constance éclate en sanglots. Elle donne alors à Rémy un peu d'information sur ce qu'elle vit. Elle reconnaît qu'elle n'est en état ni de l'écouter, ni de prendre des décisions importantes. Elle dort d'abord. Le lendemain, leur discussion repart du bon pied.

Se fixer des objectifs réalistes

Nos rêves d'amour peuvent aussi se retourner contre nous. La personne qui demande l'amour absolu et inconditionnel de chaque personne qu'elle croise se condamne à l'échec. Il est impossible d'être aimé de tous, et cela n'est pas nécessaire pour être heureux. Poursuivre sans nuances nos rêves d'absolu nous condamne à vivre constamment dans la déception, la frustration, l'angoisse et la détresse. Plus nous sommes en détresse, moins nous sommes attirant pour l'entourage. De plus, un enthousiasme démesuré peut aussi «refroidir» l'autre.

Il est irréaliste de vouloir rencontrer à tout prix le partenaire de sa vie à chacune de ses sorties. Il est aussi irréaliste de vouloir séduire toutes les personnes de l'autre sexe que nous rencontrerons. Concentrons plutôt nos efforts sur de petits objectifs réalisables. Ainsi, organisons-nous pour réussir à chaque sortie à nous détendre et nous distraire. Donnons-nous comme but d'augmenter nos habiletés sociales, d'enrichir nos connaissances ou d'étendre notre réseau social. Par ricochet, nous augmenterons ainsi nos chances de rencontrer un partenaire qui nous convient si nous le désirons. Il est normal de rencontrer plusieurs personnes avant que certaines deviennent des connaissances, puis un certain nombre de celles-ci des amis, puis parmi eux des amis plus intimes.

Les personnes qui nous approchent ne peuvent toutes nous fournir une intimité instantanée! Nous ne pouvons comparer la valeur d'un contact de quelques heures avec la valeur d'une relation à long terme. Donnons une chance aux nouveaux liens de se former et de se renforcer avant d'en éprouver la solidité. Donnons-nous du temps et donnons-nous une chance. Cela ne sert à rien de tirer sur une plante pour la faire pousser plus vite. Cela peut être long avant que la plante n'apparaisse, mais les racines sont peut-être en train d'établir discrètement la base de ce qui deviendra une belle plante.

Affronter progressivement ses peurs

Une des illusions qui risque de transformer nos rêves en cauchemars consiste à croire que si nous évitons ce qui nous fait peur, la situation s'améliorera d'elle-même. Éviter ce qui nous effraie peut nous soulager à court terme, mais nous pouvons tous constater que l'évitement maintient notre peur intacte, lui permettant même de s'amplifier.

Conrad avait peur des femmes. Il ne les comprenait pas. Il craignait constamment qu'elles rient de lui ou qu'elle le rejettent. Plus il les évitait, plus la peur s'incrustait en lui. C'est en fréquentant ses consœurs de travail, au sein de réunions orientées sur la tâche, qu'il découvrit que les femmes étaient d'abord des êtres humains, des personnes semblables à lui et à ses amis masculins. Le fait de fréquenter des femmes dans un contexte autre que celui de la séduction lui permit de devenir plus détendu auprès d'elles. Ce fut un premier pas qui le mit sur la bonne voie.

Parfois, de loin, les difficultés semblent insurmontables. Cependant, lorsqu'on s'en approche, on découvre que la pente est moins abrupte que ce que l'on imaginait et qu'il y a des sentiers que l'on ne voyait pas. Il vaut mieux affronter les difficultés progressivement, par petites étapes. Méfions-nous donc des rêves qui nous emprisonnent en nous faisant craindre ce que nous pourrions maîtriser.

Choisir des relations saines

Méfions-nous également des rêves qui nous poussent à faire confiance sans discernement. Il y a autour de nous des gens dont le contact représente un risque pour notre santé. Cela ne paraît pas nécessairement au premier coup d'œil. Ces personnes peuvent même sembler agréables à fréquenter. À la longue, elles nous laissent toutefois avec de plus en plus de signes nous indiquant que leur présence nous nuit.

Comment les détecter? Observez vos réactions. Demandez-vous: «Qu'est-ce que la présence de l'autre suscite en moi?» Y a-t-il des gens autour de vous qui vous laissent épuisés, coupables, déprimés chaque fois que vous les contactez? Pensez-y quelques instants. Si nous ne sommes pas à l'écoute de ce qui se passe en nous, nous n'identifions pas l'impact qu'a la présence de l'autre sur nous. Nous sommes souvent trop absorbés par notre vie pour prêter attention à ce phénomène.

Plutôt effacé, Albert appréciait les récits aventureux de Vincent. Il le fréquenta pendant de nombreuses années au cours de ses études. Ce n'est qu'à la longue qu'il constata que leur relation était inégale et avait un effet négatif sur lui. Il était l'auditoire passif des récits prodigieux de Vincent. Il se sentait dévalorisé, écrasé dans cette relation. Malgré ses efforts, Albert ne réussissait pas à établir des rapports égalitaires. Irrité par les commentaires méprisants et hautains de Vincent sur son entourage, Albert décida de prendre ses distances.

À trop vouloir aider, à trop vouloir donner, on risque de s'épuiser. Les gens profiteront de votre sollicitude et de votre générosité sans nécessairement rechercher une évolution personnelle. Choisissons minutieusement auprès de qui investir nos efforts. Devenons perspicaces dans le choix des personnes que nous acceptons dans notre vie.

Renée constata que son amie Pascale lui demandait beaucoup d'énergie pour ce qu'elle lui offrait en retour. Cette dernière lui avait emprunté beaucoup d'argent qu'elle ne lui remettait jamais. Elle lui faisait souvent garder ses enfants sans la rémunérer et passait de longues soirées à parler de ses problèmes sans porter attention à ce que Renée avait à dire.

Prenez soin d'établir des relations fertiles. Il n'y a pas de mal à rendre service. Vous pouvez généreusement donner temps et énergie à vos amis. Vous ne pouvez toutefois pas donner sans jamais recevoir. Ce serait néfaste pour vous et vos énergies seraient gaspillées en pure perte. Choisissez d'avoir des relations nourrissantes.

Prendre soin de soi

Quand on vient de vivre un moment particulièrement difficile, il est temps de devenir un peu égoïste et de se gâter. Quand la vie nous a infligé un dur coup, faisons comme un bon ami le ferait: dorlotons-nous. Prendre soin de soi est un gage de guérison. Nous nous assurons ainsi qu'une part de notre budget énergétique est utilisée à bon escient. Nous nous permettons de satisfaire nos besoins et d'augmenter notre endurance.

Ne sous-estimez pas l'importance des quelques minutes passées à bavarder avec votre voisine, d'un appel téléphonique qui garde une amitié bien vivante, de la lettre de bons souhaits que l'on envoie à l'occasion. Pour nous aider, il peut être utile de faire une liste d'activités que nous aimons, que nous souhaitons expérimenter ou que nos amis pratiquent. Expérimentons! Mobilisons le petit explorateur en nous. Plus nous aurons de choix, plus nous augmentons les chances d'introduire quelques activités agréables dans notre vie.

Ne rêvons pas en couleur à un monde bienveillant où tous les gens de notre entourage travaillent activement à l'amélioration de notre vie. Même nos amis les plus attentionnés peuvent se retrouver, sans s'en rendre compte, en conflit de besoins. Il n'y a pas que les personnes «toxiques» qui peuvent influencer négativement notre vie. Votre entourage exerce-t-il une certaine pression sur vous? Il vaut mieux être vigilant. Il se peut que nos proches tirent profit de la situation actuelle et nous encouragent à demeurer seuls parce que cela fait leur affaire. C'est souvent le cas des enfants, quel que soit leur âge. Ils ne veulent pas que leur parent introduise un nouveau partenaire dans leur vie. Ils craignent de perdre soit le lien privilégié qu'ils ont développé avec le parent seul, soit leur place dans une famille où il n'y a qu'un adulte.

Ceux qui tirent avantage du fait que nous sommes seuls peuvent saboter nos efforts en dénigrant nos amis et en nous empêchant de nous libérer. Sans s'en rendre compte, ils peuvent nous influencer en fonction de leurs propres intérêts, de leurs préjugés et de leurs expériences.

Chacun de nous a le droit de vivre sa vie comme il le veut. Tenez compte de vos priorités et faites respecter vos choix et votre droit de satisfaire vos besoins et de gérer votre temps. Il est sûr qu'un changement de comportement affecte toujours notre entourage. Notre entourage élabore ses attentes et ses attitudes selon nos comportements habituels. Les gens sont habitués à nous voir d'une certaine façon et ils ajustent leur conduite de façon à en tirer profit. Si nous effectuons certains changements, ils auront à s'adapter et à faire des modifications dans leur propre vie.

Reine est grand-mère et veuve. Elle était toujours disponible pour aller garder ses petits-enfants jusqu'au jour où elle décida de se joindre à un club d'activités sociales. Cela fit bien des remous! Sa fille Pauline disait craindre qu'elle ne se fatigue auprès de ces étrangers, mais elle s'inquiétait surtout des complications associées au fait qu'elle doive se trouver une nouvelle gardienne.

Les personnes qui nous entourent devront peut-être modifier la relation qu'elles ont avec nous. Elles devront apprendre à nous voir différents et pourront finalement trouver des avantages aux changements que nous avons faits. Elles devront peut-être apprendre à se relier à nous différemment. Cela ne signifie pas nécessairement qu'elles nous perdront définitivement.

Être disponible

Même notre rêve d'être au centre d'un réseau étendu de personnes et d'activités peut se retourner contre nous. Certaines personnes sont victimes de leur succès. Elles sont tellement engagées dans différents organismes qu'elles deviennent prisonnières de leur engagement. Il y a tellement de personnes à rencontrer et d'activités à réaliser qu'elles hésitent à les mettre de côté pour rencontrer de nouvelles personnes. Rappelez-vous vos besoins et vos priorités. Si cette vie vous satisfait, bravo! Si vous souhaitez vraiment rencontrer cette personne spéciale, il est nécessaire de lui donner une chance de se rendre jusqu'à vous.

Ajoutons finalement que l'élaboration d'un rêve au sujet de notre ancien partenaire peut nous empêcher de profiter du présent. Un de nos amis disait: «Il faut faire de la place dans la garde-robe si on veut y mettre de nouveaux vêtements.» Il en est de même avec les relations. Si on est encore hanté par le souvenir de celui ou de celle qui est parti, si cette personne est omniprésente dans nos pensées, il est bien difficile de vivre au présent. *Important*

Il faut se méfier de notre mémoire. Elle est souvent

sélective. Nous ne nous rappellerons peut-être que des bons moments et nous les embellirons. Nous comparerons à ces souvenirs toutes les personnes que nous rencontrerons et nous les trouverons ternes. Il se peut aussi que nous ne retenions que les moments difficiles. Nous craindrons alors de retomber dans le même panneau et nous fuirons toutes les occasions de créer de nouvelles relations. Il est parfois nécessaire de prendre une certaine distance par rapport au passé pour mieux profiter du présent. Pour être pleinement disponibles, libérons-nous des nos idéalisations, de nos remords, de nos regrets et de notre culpabilité.

Chacun possède un minimum de responsabilités qu'il doit assumer. Que ce soit au niveau de la famille, des enfants ou du travail, il existe des engagements auxquels nous ne pouvons nous soustraire. Pour vivre quelque chose de nouveau, il vaut mieux donner à chacune de nos responsabilités la place qui lui revient. De cette façon, nous serons vraiment disponibles lorsque nous déciderons de prendre du temps pour nous.

Renoncer pour mieux vivre

Pour nouer des liens durables, il est préférable de...
— Renoncer à la toute-puissance pour accueillir notre vraie puissance.
— Renoncer à l'immortalité pour profiter de l'instant présent.

— Renoncer à la jeunesse éternelle pour accueillir la sagesse.

— Renoncer à la beauté parfaite pour se sentir aimé pour soi-même.

— Renoncer à être irrésistible pour accueillir des liens authentiques.

— Renoncer à tout savoir pour accueillir notre capacité de prendre des risques.

— Renoncer à la perfection pour accueillir l'humain en nous.

— Renoncer à la mère que nous aurions souhaité avoir pour nous créer un milieu qui peut être maternel.

— Renoncer au père que nous aurions souhaité avoir pour nous créer un milieu qui peut être paternel.

— Renoncer à la famille que nous aurions souhaité avoir pour profiter de celle qui est là.

— Renoncer à l'emploi idéal pour profiter de l'emploi réel.

— Renoncer à une image idéalisée et inaccessible de soi pour se développer vraiment.

Tous les renoncements que nous venons de mentionner ne sont que des étapes vers l'acquisition d'une meilleure qualité de vie. Ces renoncements nous amènent à développer une relation plus authentique avec nous-mêmes. Nous verrons maintenant comment faire grandir cette relation en se concentrant sur nos émotions et sur des projets réalistes.

Luc

Luc a toujours été un rêveur. Même très jeune, il s'imaginait des histoires dont il était le héros. Ils se voyait en train de gagner des batailles, de vaincre des méchants, de secourir les autres. Il se voyait admiré de tous.

À l'adolescence, ses rêves se portèrent naturellement vers des conquêtes féminines. Ils s'imaginait entouré de jolies filles qui ne rêvaient que de lui faire plaisir. Il les créait aussi jolies que dans les revues, et sans s'en rendre compte, aussi soumises que possible.

Naturellement, il trouvait la réalité bien frustrante. Solitaire et rêveur, il fréquentait très peu les gens et ne développait pas ses habiletés sociales. L'écart entre la réalité et ses rêves allait constamment en s'élargissant. De fait, les gens l'évitaient et le trouvaient plutôt étrange.

Il n'y a pas de mal à imaginer des choses agréables, mais lorsque les rêves remplacent la réalité et nous empêchent de vivre ce qui se présente à nous, ils nous nuisent.

Luc a appris, avec l'aide de son thérapeute, à utiliser son imagination pour se préparer à l'action plutôt que pour la remplacer. Il imagine maintenant ce qu'il pourrait faire concrètement pour aborder une compagne d'étude. Il découvre progressivement les avantages et les plaisirs associés au fait de faire l'effort de se relier à l'autre dans la réalité. Il découvre même qu'il peut être intéressant de fréquenter des gens qui ont leur propre personnalité, leurs propres désirs, leurs propres projets et qui nous surprennent par un point de vue différent du nôtre.

8

Comment aller vers soi?

Nous nous expliquons souvent notre solitude par notre histoire personnelle. Nous n'avons pas appris à fréquenter les autres. Nous avons été blessés plus souvent qu'à notre tour. Nous avons perdu les personnes qui nous étaient chères. La solution à la solitude se trouve-t-elle dans le passé? S'agit-il de redevenir la personne que nous étions auparavant?

Dans le domaine de la solitude comme ailleurs, il n'y a pas de marche arrière à notre vie. Nous ne serons jamais ce que nous avons été. Une personne de 40 ans ne redevient jamais celle qu'elle était à 20 ans. Chaque jour nous vivons de nouvelles expériences qui nous marquent et qui nous font évoluer. Nous acquérons de nouvelles connaissances, nous prenons des décisions qui influencent ce que nous sommes. Nous devenons différents de ce que nous étions car la vie nous façonne.

Nous conservons certaines caractéristiques, certains souvenirs, mais nous poursuivons notre vie en intégrant, à ce qu'elle a été, nos apprentissages et notre expérience. Nous apprenons de nos difficultés et de nos échecs. Nous devenons plus sages et mieux informés. Nous devenons progressivement la personne que nous serons demain.

Profiter de l'instant présent

Attendre que tout soit complètement comme avant pour être heureux, c'est se condamner au malheur. Le bonheur, tout comme l'anxiété, est un état fluctuant. Nous sommes plus ou moins heureux à différents moments de notre existence. Cela ne sert à rien de tenter de fixer notre degré de satisfaction à 100%, et c'est bien risqué de le fixer à 0%. Nous avons plutôt avantage à accepter que le bonheur varie, comme une vague, nous amenant plus ou moins haut, selon les circonstances.

Ne nous comportons pas comme Alex. À son cinquième anniversaire, sa mère lui avait organisé toute une fête avec un clown, un gâteau, des décorations et de la musique entraînante. Six de ses meilleurs amis étaient présents, mais... il manquait Andréanne! C'est habituellement avec elle qu'il avait le plus de plaisir dans ce genre de célébration. Alex refusa de s'amuser en se concentrant exclusivement sur la personne manquante, plutôt que de profiter des six autres. Profitez de ce qui est disponible! Cela vous permettra de passer de bons moments, et augmentera vos chances que les gens se présentent à la prochaine occasion!

Certaines personnes croient qu'elles doivent être capables de faire tout ce qu'elles faisaient auparavant. Toutes les mères de jeunes enfants peuvent témoigner du fait que certaines circonstances font que notre vie change et que nous devons renoncer à certaines activités. Il devient plus difficile de partir spontanément pour la discothèque, d'aller visiter une amie, d'aller au restaurant quand les jeunes sont à la maison. Et si l'on décide d'aller au restaurant avec deux jeunes enfants, l'expérience est bien différente de celle de nos soupers en tête-à-tête! Pourtant, beaucoup de parents vont au restaurant avec des enfants et y trouvent un plaisir certain.

Détournons notre attention du passé. Regardons comment notre vie se transforme. Découvrons les nouvelles sources de plaisir qui émergent. Intéressons-nous à ce qui est accessible et réalisable. Nous ne connaissons pas le futur. Comment être certain que l'avenir sera sans intérêt si ce n'est en le sabotant par nos attentes excessivement négatives? Donnez une chance au futur de vous surprendre agréablement.

Laisser évoluer ses relations

Le fait d'avoir vécu un départ, une rupture a provoqué des changements en nous. Ces changements ont probablement modifié notre façon d'entrer en relation avec les personnes qui nous entourent. Comme nous sommes un des éléments d'un système de relation, le fait de nous changer nous-mêmes a des effets sur notre entourage. On ne doit plus s'attendre à ce que chacun se comporte avec nous comme il le faisait avant le changement. Exiger une telle attitude, c'est se condamner à être entouré de rires qui sonnent faux. Il vaut mieux accepter que les gens de notre entourage réagissent à leur façon. Leurs réactions sont un commentaire sur l'importance qu'ils nous accordent.

Après une rupture, nous avons besoin que les gens de notre entourage soient vrais avec nous. Ceux qui connaissent la souffrance veulent être reconnus d'abord comme des personnes. Ils ne sont pas la maladie, la perte ou le deuil. Ils sont des personnes qui doivent traverser ces terribles épreuves. Il est préférable que l'entourage manifeste ses réactions de surprise et de tristesse plutôt que de s'éloigner et de se réfugier dans le silence. Les gens qui souffrent ont besoin qu'on partage l'espoir avec eux. Le support de l'entourage devient alors une aide précieuse pour la personne en détresse.

Rappelons ici qu'il y a beaucoup de bonne volonté qui se perd! Un proche se force à demeurer une heure auprès d'un malade qui vient de recevoir son traitement de chimiothérapie au moment où il aurait besoin d'être seul. Une visite de cinq minutes aurait suffi. Exprimons à nos proches comment nous souhaitons être aidés. Demandons aux personnes qui souffrent comment nous pouvons leur être utile. Cela nous évitera de gaspiller des centaines de dollars en fleurs alors que la personne aurait souhaité un simple repas en notre compagnie.

Faire le point

Pour établir de nouvelles relations plus saines et plus satisfaisantes, il est préférable de doser l'importance que nous accorderons maintenant au passé. Nous pouvons faire temporairement place à ces souvenirs et à notre passé, vivre les émotions que nous avons à vivre, puis reporter notre attention sur nos besoins présents et nos projets à venir afin d'éviter d'être immobilisés par de vieilles craintes.

Faire un bilan de nos expériences négatives dans le domaine relationnel nous permet de reconnaître où nous sommes maintenant. C'est de ce point que nous partons pour poursuivre notre route. Nous encourageons les gens à accepter la réalité de ce qu'ils vivent, c'est-à-dire à consentir à admettre que c'est bien là qu'ils sont.

C'est en faisant un bilan financier rigoureux que Dominique constata l'état lamentable de ses finances. Comment s'occuper de ses enfants avec un tel budget? Elle regrettait d'avoir impulsivement renoncé à revendiquer ses droits en quittant Roger. Elle dut admettre la réalité de sa situation financière.

Accepter ne veut pas dire se résigner, ce qui serait supporter une chose pénible, désagréable, sans protester.

Réagissez! Vous n'êtes certainement pas obligés d'aimer vous retrouver dans des situations désagréables. C'est ce bilan qui motiva Dominique à revendiquer la pension alimentaire à laquelle elle avait droit. Nous n'encouragerons certainement pas une attitude passive et soumise. Au contraire! Consentir à admettre la réalité de votre solitude peut vous entraîner à en tenir compte et éventuellement à y remédier.

Quand nous avons fait la lumière sur les ombres du passé, nous pouvons identifier ce qui peut être différent dans notre situation actuelle, ce que l'on fera différemment, ce que l'on a appris depuis, ainsi que l'aide supplémentaire disponible actuellement. Cette vision nuancée nous laisse avec plus de pouvoir sur notre vie.

Angélique trouva le courage de recommencer à fréquenter à nouveau les hommes suite à sa démarche personnelle en psychothérapie. Elle avait appris des choses sur elle et savait qu'elle pourrait réfléchir avec son thérapeute sur l'évolution de sa relation. Elle avait appris à dire non et à exprimer ses insatisfactions, ce qui augmentait ses chances de pouvoir prendre le temps de connaître son partenaire avant de s'engager sérieusement. Ce support lui donnait confiance en la possibilité de vivre une relation différente.

C'est au sein des Alcooliques anonymes que Benjamin fit son cheminement personnel. Il y apprit à prendre ses responsabilités, à exprimer ses sentiments et à être plus à l'écoute des autres. Il est maintenant capable de laisser les autres vivre leurs problèmes sans «se mettre dans leurs bottines», un piège qui l'avait souvent ramené vers la consommation d'alcool. Il est maintenant bien décidé de ne pas ressembler à son père qui n'a jamais pu prendre sa vie en main et établir de saines relations avec sa famille. Avec l'aide de son groupe de support et de son parrain du mouvement, il a confiance qu'il pourra maintenant agir différemment.

Trouver sa propre voie

Il appartient à chacun de nous de découvrir comment acquérir les habiletés, les connaissances et le support dont nous avons besoin pour améliorer notre vie. Il n'y a pas une recette qui fonctionne pour tous, mais chacun peut trouver un chemin qui lui convienne. Explorez activement les différentes voies qui s'offrent à vous.

Certains ont recours à l'écriture. Il peut être utile d'écrire ce que nous ressentons face à notre passé et aux personnes qui l'ont habité. Se relire permet de prendre une distance par rapport à notre monde émotionnel. Nous pouvons alors recourir à notre esprit rationnel pour comprendre, faire des liens et intégrer ce passé dans notre histoire de vie.

Nous pouvons aussi choisir d'utiliser cet écrit pour partager ce que nous ressentons avec autrui. Les autres pourront alors réagir en nous exprimant ce qu'ils ressentent. Quand nous nous adonnons à cet exercice, il est important de demeurer au niveau du partage. Chacun parle de soi sans juger, pour s'exprimer et sans demander des comptes ou des explications. Il s'agit de parler au «Je» en se rappelant que nous sommes les spécialistes en ce qui concerne notre vécu intérieur. Personne ne peut nous dire ce que nous vivons. Les autres peuvent toutefois réagir à ce que nous leur confions en exprimant ce qu'eux-mêmes vivent. Nous évitons ainsi les jugements et les discussions inutiles.

En définitive, il s'agit d'investir notre énergie pour être capable de vivre le présent, tel qu'il se présente et tel que nous sommes maintenant.

Zoé

Zoé s'attache beaucoup aux hommes. Dès qu'elle a un partenaire, elle craint de le perdre. Elle se sent très inquiète et recherche constamment à être rassurée. Elle est convaincue qu'elle a besoin d'un partenaire pour vivre. Elle ne peut supporter que l'autre vive sans elle. Elle fut encore une fois bouleversée lorsque Victor la quitta. Il ne pouvait plus supporter sa présence envahissante.

Convaincue qu'elle ne pourrait vivre seule, elle a tenté de s'accrocher à Victor et au souvenir de leur relation pour survivre. Il lui est difficile de reprendre sa vie en main et de réaliser qu'elle possède en elle la capacité d'être heureuse. Zoé a rompu et repris sa relation avec Victor à plusieurs reprises. Lors des périodes de séparation plus longues, elle revenait même temporairement à d'anciens partenaires pour ne pas avoir à vivre la solitude.

À puiser constamment dans le même panier, elle maintient des relations insatisfaisantes avec des personnes familières. Elle se prive ainsi de l'occasion de se développer comme personne.

Vivre ses émotions

Aller vers soi, ce n'est pas seulement choisir les chemins qui augmentent nos chances de devenir la meilleure personne que l'on puisse être. Aller vers soi, c'est aussi porter son regard vers l'intérieur, au présent. Nous vous invitons à regarder en vous et à faire place à vos émotions. Se déconnecter de ses émotions peut amener un soulagement temporaire. Pensons à cette fois où nous avons failli avoir un accident. Notre auto allait frapper une autre auto. Nous avons tourné le volant à la dernière seconde, perdu le contrôle du véhicule quelques secondes pour le reprendre assez rapidement et éviter de sortir de la route. Nous nous sommes alors arrêtés au bord de la route, étonnés d'avoir réussi à garder notre sang froid. C'est alors que notre cœur s'est mis à battre la chamade et que notre respiration s'est accélérée. Nous nous sommes mis à transpirer et avons senti nos jambes molles.

Il y a un prix à payer lorsque l'on se coupe de ses émotions. Elles nous reviennent par la suite, parfois amplifiées. De plus, il ne semble pas y avoir plusieurs «prises de courant» pour les émotions. Elles sont toutes reliées. Lorsque nous débranchons la tristesse ou la colère, nous débranchons également notre capacité d'avoir du plaisir.

Sébastien

Sébastien affirme avec acharnement son indépendance à l'égard des liens affectifs. Il prétend qu'il n'a besoin de personne. Il l'exprime avec une telle intensité que cela peut nous permettre d'en douter. Dans le fond, il a peur de vivre et d'exprimer ses sentiments envers les autres. Il est bien à l'aise pour rationaliser toutes les situations, mais il a de la difficulté à s'impliquer émotivement.

Il vous dira, par exemple, que sa relation avec Rosalie a bien fonctionné jusqu'à la veille de leur rupture et que s'ils se sont séparés, c'est parce qu'ils étaient rendus à ce point dans leur évolution. Il vous affirmera que malgré la séparation, tout va pour le mieux dans le meilleur des mondes.

Il ajoutera que le fait de ne plus cohabiter avec sa fille Cynthia ne le bouleverse pas trop. Il est convaincu qu'il vaut mieux qu'elle demeure avec sa mère qui a plus de temps à lui consacrer. Il se dira satisfait des visites aux deux semaines.

Sébastien établit un type de relation où l'aspect émotif semble évacué. Il pourra difficilement traverser le deuil et en sortir grandi puisque au départ, il nie avoir été ébranlé par la perte.

Bien des couples constatent qu'ils perdent leur capacité d'avoir du plaisir ensemble et de partager leur intimité quand ils ont refoulé trop de colère ou de tristesse. Nous ne soulignerons jamais assez l'importance de reconnaître ses sentiments et de les accepter. Il devient important de dire les bonnes choses aux bonnes personnes avec la bonne intensité.

Au lieu de nous débrancher de nos émotions, maintenons nos amitiés bien vivantes en réglant les problèmes à mesure qu'ils se présentent. En prenant le risque de dire ce que l'on a à dire et de faire confiance à nos amis, nous découvrirons que les gens ne tomberont pas nécessairement en morceaux à chaque fois que nous nous exprimons.

En nous permettant de nous exprimer et de vivre nos émotions, nous constaterons également que nous ne nous briserons pas en mille miettes. Nous sommes souvent bien plus solides que ce que nous croyons. En exprimant nos émotions, nous gagnons une plus grande confiance en nous et nous apprenons que, souvent, il n'est pas aussi dangereux que nous l'imaginons d'être vrai et authentique.

Reconnaissez, acceptez et vivez vos sentiments sans crainte d'être anéantis par eux. Cela pourra vous permettre d'éprouver toute une gamme de sentiments. Acceptez d'être saisis de bouffées d'émotions. Il est tout naturel d'exprimer parfois votre inquiétude, votre chagrin ou votre colère au milieu de vos larmes. Si des amis sympathiques sont disponibles, vous pourriez même éprouver un réconfort à vous confier. Une fois ces émotions exprimées, vous redeviendrez plus disponible pour poursuivre votre vie. Vous pourrez ainsi identifier vos préoccupations, vos inquiétudes et les messages que vous souhaiterez peut-être livrer par la suite. Le fait de verbaliser nos émotions nous permet d'en prendre conscience et de les confronter à la réalité.

Cela vaut la peine de garder les voies de communication ouvertes, même si nous n'avons pas beaucoup de temps ou d'énergie à consacrer à notre jardin relationnel. Il suffit parfois d'un téléphone, d'une carte, d'une lettre, d'une courte visite pour rappeler aux autres que nous pensons à eux, que nous voulons qu'ils gardent la porte ouverte. Cette porte pourrait devenir importante plus tard.

Se motiver

Aller vers soi, c'est aussi tenir compte de notre propre façon de nous motiver et de nous mettre en mouvement. La mise en branle de la recherche de connaissances, d'amis et de partenaires passe par des processus qui touchent d'abord notre propre cœur et notre propre esprit. Ces stratégies nous mettent en mouvement et nous motivent à tenter cette fois de toucher le cœur et l'esprit de l'autre.

Comment se motiver à se mettre en route pour créer de nouvelles relations, malgré les risques et les efforts à fournir? À chacun son style! Chaque personne a sa propre façon de se motiver à prendre ce risque. Nous sommes tous différents. Nous avons avantage à identifier notre propre style de motivation. Nous aurons alors le choix d'utiliser les stratégies connues si elles fonctionnent bien ou d'en développer de nouvelles plus souples ou plus agréables.

Comment découvrir son style de motivation personnel? Il s'agit de s'observer, d'expérimenter, d'être à la recherche d'une façon efficace de se mettre en marche, tout en respectant les résistances et l'écologie de notre système de vie. Nous encourageons les nuances et souhaitons éviter l'excès et la rigidité.

Notre réflexion peut s'articuler autour de cinq grands thèmes: l'objectif, l'orientation sensorielle, l'orientation temporelle, le point de comparaison et le critère de satisfaction.

L'objectif

Que recherchez-vous? Certains recherchent le plaisir. Ils sont motivés par des aspects positifs. Ils prennent le risque d'approcher de nouvelles personnes en pensant aux plaisirs qu'ils auront ensemble. Achille approchait les femmes en songeant au plaisir qu'il éprouverait à les prendre éventuellement dans ses bras. Danielle se joignait à un groupe de peinture parce qu'elle pensait à la satisfaction qu'elle éprouverait à créer et à voir ses œuvres appréciées par d'autres.

D'autres fuient la douleur. Ils sont motivés par le négatif. Ils songent à ce qu'ils ne veulent plus vivre ou à ce qu'ils ne veulent pas vivre. Camille approchait les hommes en songeant à ses longues soirées solitaires. François décidait de consulter un comptable pour éviter la corvée des impôts qui le rendait anxieux chaque année. Bien que chacune de ces stratégies puisse nous mettre en mouvement, nous vous suggérons de développer progressivement votre capacité de vous motiver par des objectifs positifs. Il est en effet plus agréable de vivre quotidiennement avec des images intérieures et des souvenirs associés au plaisir plutôt qu'à la souffrance.

L'orientation sensorielle

Quelle modalité sensorielle vous met en route ou vous immobilise? Certaines personnes réagissent aux images intérieures. Elles se voient en action ou imaginent les choses comme si elles se produisaient actuellement. Ces films peuvent même être en couleurs et en trois dimensions! Catherine se voyait clairement présenter fièrement son nouvel ami à ses enfants. Ainsi, elle savait qu'elle serait capable de le faire.

Pour d'autres, c'est surtout le discours intérieur qui leur convient. Ils se parlent. Ils se donnent des conseils et se donnent des directives au sujet de ce qu'ils veulent faire. Ils imaginent les commentaires des gens. Clément se disait au moment même où il approchait Juliette: «Va lentement. Souris. Regarde-la. Porte attention à ce qu'elle te dis. Du calme. Ça va bien. Elle répond à tes questions et à ton sourire.»

Certaines personnes réagissent surtout aux sensations physiques. Elles ressentent dans leur corps le plaisir ou le malaise associés à une situation. Elles ressentent un besoin de bouger ou de foncer. Elles sont plus sensibles aux odeurs. Joseph appréciait de pouvoir être à l'aise et décontracté auprès de Marie-Josée. Il appréciait l'odeur de son parfum et aimait toucher sa main.

L'orientation temporelle

Nous avons aussi une façon différente de nous orienter dans le temps. Certains pensent beaucoup au passé. Ils identifient ce qu'ils ont déjà vécu et ce qu'ils ne veulent plus vivre, ou ce qu'ils se souviennent d'avoir vécu et qu'ils veulent revivre. Maurice se rappelle avec nostalgie le style de vie familiale qu'il a connu il y a dix ans, et il espère revivre ce climat auprès d'une nouvelle compagne. Marguerite au contraire se souvient du climat de tension qu'elle vivait auprès de son ancien mari. Décidée à ne plus vivre ces longs silences froids et stériles, elle exprime ses insatisfactions dès qu'elle les ressent.

D'autres sont plus axés sur le présent. Ils identifient les besoins à satisfaire, ainsi que ce qu'ils souhaitent modifier ou conserver. Marianne croit qu'il ne fait bon vivre qu'au présent. C'est ici et maintenant que l'on peut goûter aux plaisirs de la vie. Elle constate rapidement lorsqu'elle se sent bien ou mal à l'aise, et agit en conséquence.

Certains s'orientent surtout vers l'avenir. Ils identifient les plaisirs qu'ils souhaitent connaître ou les souffrances qu'ils craignent. Vous pouvez ainsi vous faire une image de ce que vous souhaitez vivre et du chemin qui a le plus de chance de vous y mener. Martin prépare constamment son avenir en envisageant différents scénarios: la voie catastrophique qui l'amène à la plus grande souffrance, la voie optimiste qui l'amène à ce que tout se passe pour le mieux, et quelque part entre les deux, la voie du probable. C'est ainsi qu'il s'est convaincu de mettre un peu d'argent de côté pour sa retraite.

Le point de comparaison

Nous nous orientons également en fonction de comparaisons. À qui vous comparez-vous? Certains se mesurent aux meilleures performances des personnes qui dominent leur domaine. Pensons aux mannequins vedettes, aux athlètes olympiques, aux personnes riches et célèbres, etc. Peu de gens peuvent supporter de telles comparaisons sans se sentir menacés ou amoindris. D'autres se comparent à l'ensemble des gens, à la moyenne générale, en ignorant les catégories de sexe, d'âge, de taille, de richesse, de condition physique. Mathieu était fier à 25 ans de pouvoir courir le marathon plus rapidement que la moyenne des gens.

Certains se comparent avec des gens de même catégorie: son propre groupe d'âge, le même niveau d'expérience, etc. C'est ce qui permettra à Mathieu de continuer à être fier à 50 ans de pouvoir courir plus rapidement que la moyenne des personnes de son groupe d'âge.

Finalement, nous recommandons surtout aux gens de se comparer avec eux-mêmes, en constatant les progrès réalisés et les améliorations en fonction du temps. Rendons-nous justice en nous comparant avec un état comparable. Cette comparaison est surtout valable lorsque nous sommes en voie d'apprentissage et d'amélioration. Au sortir d'une dépression, Mariette était fière de constater qu'elle était de plus en plus capable d'entreprendre ses activités quotidiennes.

Le critère de satisfaction

Au-delà des comparaisons au sujet de la performance, il est souvent bien utile de se demander si l'activité que l'on pratique nous apporte du plaisir. Pensons au coureur qui court surtout pour le plaisir que cela lui procure, indépendamment du chronométrage et des performances. Recherchez-vous la performance? Le plaisir? Comment saurez-vous que vous êtes satisfaits de ce que vous vivez?

La fait de s'orienter en fonction de la satisfaction réelle de nos besoins plutôt qu'en fonction de critères externes prédéterminés augmente nos chances d'obtenir une vie plus satisfaisante. Rappelons ici ce que nous avons souligné au début de ce livre. Comme Lazarus et Lazarus (1994), nous considérons que le bonheur est associé à la sensation que nous avançons vers la réalisation de nos objectifs personnels immédiats et à long terme, augmentant ainsi nos chances de satisfaire nos besoins.

Nous vous avons invité à aller vers vous-mêmes, vers ce que vous ressentez, ce que vous pensez, ce que vous pouvez devenir. Dans ce cheminement, vous rencontrerez de fortes émotions associées aux pertes et aux départs. Ce sont les émotions associées au deuil. Nous en parlerons dans le chapitre suivant.

9

Comment vivre ses deuils?

La solitude survient souvent suite au décès ou au départ d'un être cher. Nous avons tous à affronter un jour ou l'autre ces épreuves. Il n'y a pas de vie exempte de deuil. L'histoire de nos deuils, c'est l'histoire de nos attachements et du dénouement de ces précieux liens qui nous rattachent les uns aux autres ainsi qu'à la vie. C'est l'histoire de notre vie.

Le deuil proprement dit est associé aux sentiments vécus à la mort d'une personne. Certains auteurs emploient le terme de deuil symbolique lorsqu'il s'agit d'une séparation, de la perte d'une situation, de biens matériels, d'argent et de prestige. Quant à nous, nous constatons que dans tous ces cas, le deuil et la douleur qui accompagnent une perte significative sont bien réels. Lorsqu'une personne aimée est temporairement absente, on peut ressentir de l'angoisse. Lorsqu'elle disparaît définitivement, on ressent la douleur et l'on vit un deuil.

La crainte présuppose l'espoir. Nous ne sommes angoissés que lorsque nous croyons pouvoir perdre ce que nous désirons obtenir ou garder. Comme l'espoir peut toujours être présent, il existe un lien entre l'anxiété et le désespoir. L'espoir d'obtenir ou de conserver ce que nous aimons fluctue. Durant l'affliction, les sentiments oscillent tantôt près de l'angoisse, tantôt près du désespoir.

Notre réaction au deuil résulte d'une interaction complexe de déterminants multiples. Notre manière de créer des liens, la signification que nous accordons à la perte, nos attentes, nos croyances influenceront notre façon de vivre notre deuil. Nos stratégies personnelles d'adaptation, notre confiance en nos capacités d'adaptation, l'existence d'un réseau de support social et nos ressources physiques et émotionnelles sont autant d'atouts qui nous aideront à traverser notre deuil. Nos traits de personnalité teinteront toute notre démarche.

Chercher un sens à la perte

Nous pouvons considérer le deuil comme un processus cognitif impliquant un changement graduel du point de vue de la personne qui le vit sur le monde qui l'entoure (Hoagland, 1983; Woodfield et Viney, 1984). La personne endeuillée est à la recherche d'un sens à donner à la perte qu'elle vient de vivre. Elle veut lui donner une signification qui la rendra acceptable et qui lui permettra de continuer de vivre. Le deuil comprend une tentative désespérée de raccommoder les déchirures faites dans notre monde de signification. Le processus du deuil peut être compris comme une tentative pour rétablir la continuité du système de croyances que la mort a interrompu, et la fin du deuil comme la reconstruction d'une forme de nouvelle continuité (Rowe, 1983).

Le monde individuel des significations est un réseau compliqué, interconnecté de significations qui comprend non seulement les relations actuelles mais aussi celles du passé, du futur et les projets dans lesquels nous sommes engagés.

Lorsqu'un être cher et important meurt ou part, nous nous demandons: «Pourquoi cela s'est-il produit?» Les raisons physiques expliquant la mort de la personne sont relativement faciles à trouver: le cancer a progressivement envahi le corps, le caillot de sang a bloqué une artère, les poumons se sont remplis de liquide.

On peut aussi, de la même façon, trouver de «bonnes raisons» à une rupture. On se dira: «Nous n'étions pas faits l'un pour l'autre», «Il a rencontré une autre femme qui l'a envoûté» ou encore «Il faut croire que je devais vivre cette expérience». De telles raisons ne consolent pas vraiment. Ces constatations ne répondent pas aux questions réelles que se pose l'endeuillé. «Pourquoi un petit enfant meurt-il? Pourquoi une aussi bonne personne est-elle ainsi punie? Pourquoi les gens sont-ils privés des meilleures années de leurs vies? Pourquoi cela m'arrive-t-il à moi? Pourquoi cette personne est-elle morte?» Ces questions demandent toutes indirectement: «Pourquoi la souffrance» et «Pourquoi ma souffrance»?

Cheminer à travers des étapes

Malheureusement, nous ne croyons pas qu'il existe de réponses à ces questions. La personne qui traverse cette période de questionnement se sent bouleversée. Elle est habitée par une foule de sentiments confus. Parmi ces sentiments, la tristesse devient omniprésente.

La séparation, la mort ou le départ d'un être cher suscite chez celui qui reste un sentiment de vide, un bouleversement. Celui qui reste vit un deuil. Différents auteurs ont identifié et nommé les étapes qui constituent le processus de deuil (Bowlby, 1984; Kübler-Ross, 1973; Parkes, 1969, 1970). Nous vivons un ensemble d'émotions diversifiées, souvent plusieurs à la fois, et dans un grand désordre. Nos réactions face à la solitude peuvent se modifier avec le temps. Nous avons d'abord le regard tourné vers ce que nous venons de quitter, puis nous traversons une période chaotique où nous avons un pied dans le passé et le regard vers l'avenir, puis finalement nous investissons notre énergie dans la nouvelle situation afin d'y augmenter nos chances d'avoir une vie de qualité.

Plusieurs personnes trouvent utile pour comprendre

ce qu'elles vivent de recourir à une description des étapes du processus de deuil. Nous retiendrons dans les lignes qui suivent les étapes suivantes: le choc, l'abandon, les désillusions, l'acceptation et la réconciliation avec la vie. Chaque personne qui vit un deuil fera un cheminement personnel. Les étapes ne se franchissent pas nécessairement toujours dans le même ordre et chaque étape n'est pas nécessairement résolue parce que l'on en vit une autre. Nous croyons que vivre un processus de deuil ne se fait pas d'une façon rectiligne. Les étapes se vivent plutôt en spirale. Avec le temps, la blessure devient de moins en moins souffrante et nous avons mal de moins en moins longtemps. La blessure devient finalement une cicatrice qui témoigne de ce que nous avons vécu.

Le choc

Que l'on ait été préparé ou non à la perte que nous subissons, nous connaissons toujours un choc au moment où nous réalisons que ce départ est irréversible. Tant que nous espérions son retour, nous pouvions être inquiets de le perdre, mais nous ne commencions pas vraiment le processus complet du deuil.

On peut se préparer au départ de l'autre, comme quand nous accompagnons un mourant en phase terminale ou que l'on planifie à deux une séparation ou un divorce. Mais vivre cette préparation n'empêche pas de ressentir le choc.

Quand nous nous réveillons un matin et que l'autre n'est plus, nous réalisons brusquement qu'il ne sera jamais plus là. Il nous semble que le temps arrête d'avancer. Notre vie ne sera plus jamais la même. Nous nous demandons: «Qu'est-il arrivé?» Tout se passe comme si, pour un moment, nous n'avions plus accès à notre esprit rationnel. Nous continuons à accomplir nos gestes quotidiens par automatisme, mais nous sommes ébranlés, secoués. Nous sommes en état de choc.

L'abandon

L'autre est parti, et nous nous sentons abandonnés. Nous nous sentons d'abord abandonnés par celui ou celle qui nous a quittés mais aussi par les gens qui nous entourent. Ils ne réagissent plus comme avant. Alors que nous aurions besoin de leur support pour traverser cette période difficile, ils semblent fuir. Ont-ils peur de côtoyer notre souffrance? Le fait que nous ayons vécu une perte leur rappelle-t-il qu'eux aussi sont vulnérables et pourraient vivre la même situation? Peut-être ne savent-ils pas comment nous aborder? Peut-être pensent-ils que nous sommes en partie responsables de cette perte? Qui sait? De toute façon, ce que nous ressentons, c'est qu'ils ne sont pas là quand nous en aurions besoin. Nous nous sentons abandonnés, la solitude nous envahit…

Il se peut que nous nous sentions aussi abandonnés par les institutions. L'Église que nous fréquentions ne semble plus nous accueillir de la même façon. Si nous avons à faire des démarches légales, nous ressentons aussi ce sentiment de ne pas être reconnus et considérés comme une personne à part entière.

Nous pouvons aussi nous sentir abandonnés par notre Dieu. Pourquoi a-t-Il permis qu'une telle injustice se produise? Pourquoi semble-t-Il si loin dans ces moments de noirceur? Ne pourrait-Il pas, au moins, alléger cette douleur qui nous habite et qui nous semble, à ce moment, devoir se poursuivre éternellement?

Les désillusions

Il est impossible de souffrir vingt-quatre heures sur vingt-quatre et à long terme. Tout être humain cherche le bonheur et veut fuir la souffrance. À cette étape, nous recherchons des moyens de ne plus penser à nos malheurs, de ne plus avoir mal. Nous nous mettons à la recherche du bonheur ou tout au moins de l'oubli. Il s'agit, en fait, de la première démarche active que nous faisons pour améliorer notre situation.

Il se peut qu'à ce moment nous rencontrions une nouvelle personne et que nous établissions une relation durable. Mais tous n'ont pas cette chance. Comme notre jugement peut être encore embrouillé par les sentiments mixtes que nous vivons, il se peut que nous confondions nos besoins et nos désirs. Il est aussi possible que nous ayons tellement besoin d'évasion que nous sautions à pieds joints dans le premier bateau qui passe, sans nous préoccuper de sa destination et des mesures de sécurité à bord.

Durant cette période nous pouvons nous jeter à corps perdu dans le travail ou dans les drogues. D'autres personnes multiplient les conquêtes «sans lendemain». D'autres encore investiront dans une relation qu'elles savent sans issue mais qui leur apporte un soulagement temporaire. Nous pouvons vivre toutes sortes de désillusions mais ce n'est que plus tard que nous réaliserons que notre agitation, nos tentatives impulsives et nos frustrations n'étaient qu'une étape vers autre chose.

Même si vivre des désillusions apporte sa part de souffrance et d'amertume, cette étape a le mérite de nous remettre en action et de nous faire évoluer vers la prochaine étape.

L'acceptation

L'acceptation n'est pas cette attitude de passivité qui nous amène à subir sans riposter les coups du sort. Accepter est un acte volontaire et actif. C'est reconnaître que nous avons vécu une perte, que cette perte a modifié à la fois notre vie et notre projet de vie. Accepter c'est dire: «Oui, j'ai connu la séparation, la perte, mais je ne suis pas irrémédiablement condamné par cet événement.» Accepter c'est aussi reconnaître qu'aujourd'hui j'ai la responsabilité de prendre ma vie en main et de rechercher des moyens de vivre une vie agréable et satisfaisante sans renier le passé.

La réconciliation avec la vie

Après l'acceptation, nous tentons d'adopter de nouvelles stratégies et de percevoir la réalité autrement. Nous voulons nous redéfinir en fonction de nouvelles personnes et de nouveaux rôles. La vie sociale reprend quelque peu et la relation avec la personne perdue n'est plus perçue comme une question cruciale de survie. Nous commençons à acquérir de nouvelles habiletés et de nouveaux rôles. Nous développons une nouvelle image de nous-mêmes où l'ancienne relation est de moins en moins présente. Pour poursuivre notre vie, nous aurons à laisser aller les ressentiments qui nous rattachent au passé et nous immobilisent.

«Jamais je ne lui pardonnerai», dit-on souvent quand quelqu'un nous a blessés par son départ ou en provoquant le nôtre. Est-ce nécessaire de pardonner pour se réconcilier avec la vie? Nous référerons le lecteur intéressé à approfondir ce thème au livre de Monbourquette (1992). Si notre colère et notre ressentiment nous emprisonnent, mobilisent notre énergie et nous maintiennent dans le passé, il vaut mieux laisser aller. Cette énergie emprisonnée inutilement en nous sera mieux utilisée une fois libérée vers l'accomplissement de la suite de notre vie.

La réorientation de notre rancune, de notre colère et de notre ressentiment n'est pas le résultat d'un acte isolé que l'on ne pose qu'une fois pour toutes. Ce n'est pas non plus un cadeau que l'on fait à celui contre qui ces émotions sont dirigées. Cette réorientation n'est pas l'oubli ou la négation du dur coup que nous avons reçu. Elle est associée à une réconciliation avec la vie. C'est un cadeau que l'on se fait à soi en se libérant des sentiments d'animosité, de vengeance et de ressentiment qui nous empêchent de retrouver une paix et une liberté intérieures. C'est une étape vers la plénitude.

Comment réorienter cette énergie? Disons tout d'abord qu'il faut reconnaître l'importance de ce que nous avons vécu et la responsabilité des différentes personnes en cause. Il est stérile de dire que l'autre n'est pas responsable de ce qu'il nous a fait, tout comme il le serait de ne pas reconnaître notre propre responsabilité dans ce qui s'est produit. Quand on a reconnu ces éléments, il est important de prendre les moyens nécessaires pour ne plus être blessé par l'autre. Nous dégageons ainsi la marge de pouvoir que nous pouvons reprendre sur notre vie. Cette démarche ne se termine pas nécessairement par une réconciliation avec l'autre. Dans certains cas ce serait même néfaste. L'important est de se réconcilier avec soi et avec la vie.

À partir de ce moment, nous nous centrons de plus en plus sur nous-mêmes et nous laissons l'autre assumer la responsabilité de ses propres actions. En se concentrant sur nous-mêmes, nous laissons la vie reprendre racine. Nous pourrons être libérés de la blessure qui nous fait tellement mal lorque nous pourrons dire à l'autre: «Je te remets la responsabilité de ta vie et je reprends la mienne en main pour la vivre pleinement.» *Important*

Rappelons-nous qu'au cours de l'évolution du deuil, l'endeuillé qui percevait que les événements de la vie étaient appauvris et sans intérêt en l'absence de la personne perdue reprendra goût à différentes activités. Les personnes qui s'accrochaient à la personne perdue de façon très intense passeront d'une certaine idéalisation de cette personne à une perception plus réaliste de cet être humain qui avait lui aussi des qualités et des faiblesses.

Louisette

Une fois séparée, Louisette découvrit avec surprise que les gens réagissaient différemment à sa présence. Ses amies se mirent à surveiller de plus près leur mari. Elle était devenue une concurrente dans leur esprit.

Elle n'était pourtant pas intéressée à leur mari. Elle était au contraire outrée de constater que son mari était parti après 20 ans de mariage avec une jeune femme de carrière. Louisette se sentait très dévalorisée en se comparant à cette femme indépendante, possédant vêtements, appartement et auto de luxe. Elle se sentait sans valeur.

Louisette ne se rendait pas justice en s'évaluant selon les critères qui n'étaient pas ceux qui avaient dirigé sa vie. Elle s'était consacrée à l'éducation de ses trois enfants et avait très bien réussi dans ce domaine. Avec le temps, elle parvint à ressentir la colère qu'elle avait envers son mari. Elle retrouva la fierté de la vie qu'elle avait vécu selon ses valeurs.

Au-delà de l'envie et de la jalousie, elle cherche actuellement à augmenter son estime d'elle-même et à rendre sa vie agréable.

Accepter les différences

Les gens n'expérimentent pas tous les phases du deuil (Mendelson, 1974; Burgen, 1977). Les stades sont rarement des entités séparées; ils se superposent ou sont vécus chez certains dans un ordre différent. L'intensité et la durée de chacun de ces stades peut varier d'une personne à l'autre.

Malheureusement, plusieurs personnes sont jugées sévèrement par leur entourage ou leur médecin parce qu'elles ne vivent pas leur deuil de la façon attendue par les intervenants. On les harcèle alors en leur prônant l'importance de passer par toutes les étapes «prescrites». La personne elle-même peut en venir à se juger négativement si elle prend moins de temps ou plus de temps que ce qu'elle croit être la norme pour vivre son deuil. Elles peuvent en conclure qu'elles ont une pathologie dont elles ignoraient la présence (Wortman et Silver, 1989).

Mentionnons enfin que les comportements associés au deuil relèvent de normes sociales qui varient considérablement selon la culture, la religion et les habitudes. Ce qui est considéré normal dans une société est considéré bizarre et pathologique dans une autre (Hoagland, 1983).

Chaque personne en deuil vit une expérience unique. La façon d'expérimenter un deuil est déterminée par ce que nous sommes profondément. Nous ne devenons pas une autre personne. Nous vivons cette période de notre vie comme nous sommes. Certains traits de notre personnalité peuvent être exacerbés mais nous demeurons fondamentalement nous-mêmes.

Si nous avons mis toutes nos valeurs dans la performance et dans notre capacité de réussir, nous pouvons nous dire: «Je suis ce que je fais. Ma valeur, c'est ce que je réalise. Je n'ai pas vraiment besoin de qui que ce soit.» L'échec d'une relation devient alors une menace importante à notre perception du monde et de nous-mêmes (Mount, 1983). Ceux qui ont partagé notre vie, nos espoirs et nos valeurs nous rappelaient notre importance. Leur départ vient alors ébranler toute notre vie.

Lors d'un deuil, rien ne sert d'éviter la tristesse. Cette tristesse nous permet de rester en contact avec la réalité de la perte que nous vivons. Laissons-nous vivre la douleur reliée au deuil. Elle nous aidera éventuellement à nous ajuster à un environnement dans lequel ce qui est perdu n'est plus. Nous pourrons plus tard reprendre possession de notre énergie émotionnelle et l'investir dans de nouvelles relations (Worden, 1982).

Se permettre de vivre son deuil

Face à un deuil récent, il est sain de penser à la personne disparue, d'évoquer les meilleurs souvenirs et de ressentir ce qui nous manque. Les larmes soignent. Permettons-nous de pleurer et réservons-nous des moments de la journée où nous pouvons pleurer. Cela permet de se sentir plus en contrôle et plus libre le reste de la journée. Prenons le temps de vivre notre deuil.

Méfiez-vous de la croyance populaire qui dit: «Cela prend deux ans pour s'en sortir.» Le temps de guérison varie d'une personne à l'autre. Ce n'est pas parce que nous sommes en deuil depuis moins de deux ans que nous ne pouvons être guéri. Le matin du début de la troisième année ne sera pas obligatoirement celui de la renaissance. Vivons notre deuil à notre propre rythme.

Il est normal d'avoir l'impression de voir ou d'entendre la personne disparue, de sentir une présence, de devenir distrait et d'avoir de la difficulté à croire à la réalité de la perte. Ces impressions s'atténuent progressivement avec le temps. Elles deviendront peu à peu des pensées fugitives puis des souvenirs. Les dates d'anniversaire de la perte (un an après le départ) et les fêtes (Noël) sont des moments difficiles à vivre. Encore une fois, il faut accepter de vivre ces moments difficiles sans essayer de minimiser ou de nier les sentiments de tristesse qui nous envahissent de façon impromptue.

Il se peut même que la tristesse et la nostalgie s'emparent à nouveau de nous lorsque nous croyons avoir terminé notre deuil et que nous vivons une autre relation. L'être humain n'est pas fait que de raison. Il arrive qu'intérieurement il vive des sentiments qui ne semblent pas connectés au moment présent. Nous demeurons toujours habités par les personnes et les événements de notre vie. Reconnaissons, sans panique, qu'ils peuvent ressurgir à un moment ou à un autre.

Pour se libérer, il est parfois utile d'imaginer ce que nous aurions aimé dire à la personne avant qu'elle ne parte. Qu'est-ce que nous aurions aimé qu'elle sache ou qu'elle comprenne? Certaines personnes trouvent utile d'écrire une lettre à la personne disparue. Dans cette lettre, elles se permettent d'exprimer tous les sentiments que cette perte leur fait vivre (la peine, la colère, la peur, la culpabilité, le soulagement, etc.). Si vous décidez de le faire, prenez le temps qu'il vous faut pour écrire une telle lettre. En l'écrivant, laissez monter les sentiments qui s'éveillent et permettez-vous de «digérer» la réalité du deuil. C'est l'occasion de mieux comprendre et de mieux vivre tout ce qui se passe en vous.

La personne, la situation ou la chose perdue était importante et unique et rien ni personne ne pourra jamais les remplacer complètement. Cette personne remplissait toutefois certains de nos besoins. Nous demeurons avec des besoins insatisfaits. Ces besoins nous appartiennent. Bien que cela soit difficile à imaginer actuellement, il deviendra de notre responsabilité de trouver d'autres moyens de satisfaire, du moins en partie, nos besoins insatisfaits.

Nous avons vu dans ce chapitre l'importance de vivre ses deuils. La poursuite de notre vie demandera que nous soyons ouverts à la création de nouveaux liens. C'est ce dont nous parlerons dans le prochain chapitre.

Robert

Robert ne croit pas possible que son entourage offre gentillesse ou réconfort. Il s'attend à recevoir des accusations ou des punitions. Il craint que le prix caché du réconfort sera une servitude supplémentaire pour le restant de sa vie.

Lorsque Nathalie, une compagne de travail, lui offrit une oreille attentive pour parler de sa séparation, il a vite refusé. Il y a vu une critique quant à sa performance au travail, un doute quant à sa capacité de régler ses propres problèmes et une approche séductrice agressive et malveillante. Nathalie était pourtant pleine de bonne volonté.

Cette prévision négative annule les efforts des consolateurs potentiels de son entourage. Elle rejette l'idée d'une consolation et en nie le besoin. L'impression que les tentatives d'aide de la famille et des amis sont inutiles isole de plus en plus.

Blessés par les jugements sévères que Robert porte sur leurs comportements, la famille et les amis de Robert finiront effectivement par se détourner de lui. En ne leur donnant pas la chance d'être près de lui, Robert se prive d'outils précieux pour accéder à une vie satisfaisante.

10

Comment aller vers l'autre?

Certains sont bien déterminés à sortir de leur état de solitude. Vient alors le moment de passer à l'action. Pour sortir de la solitude, faut-il se camoufler ou se dévoiler? La séduction est un processus par lequel nous tentons d'attirer l'attention de l'autre, de l'amener à s'intéresser à nous. Pour séduire, nous présentons une image qui correspond à ce que l'on imagine que l'autre veut voir. Nous mettons alors en évidence nos points positifs et nous faisons ressortir ce qui peut nous faire paraître une personne «unique» et «désirable». Cela peut constituer une manœuvre d'approche intéressante. Mais nous devons nous demander quel but nous poursuivons. Si nous voulons créer une relation engagée, la séduction ne suffira pas. Demeurer au stade de la séduction, aussi agréable que cela puisse être, peut nous mener, à moyen ou long terme, à douter que l'autre s'intéresse à ce nous sommes réellement.

Céline n'aime pas s'habiller d'une façon inconfortable et se maquiller à outrance pour réussir à séduire un partenaire, mais elle n'ose pas se départir de ces atours de crainte d'être abandonnée. Il y a tout un monde de différence entre s'habiller et se maquiller pour se sentir attirante, et le faire à contrecœur pour plaire aux autres.

Abel, quant à lui, se trouvait piégé par les dépenses excessives qu'il faisait pour attirer l'attention des femmes. Persuadé que les femmes préféraient un homme qui dépense sans compter, il payait des repas au restaurant et des spectacles bien au-delà de ce que son budget lui permettait. Le stress financier que lui causaient ces sorties l'empêchait d'être à son meilleur et de commencer vraiment à tisser des liens solides.

Être soi-même

Plus nous allons loin dans la direction de dire et de faire ce que nous imaginons que l'autre désire et plus ce rôle s'éloigne de ce que nous sommes vraiment, plus nous devenons étrangers à nous-mêmes. Pensons aux femmes qui feignent l'orgasme pour plaire à leur partenaire, puis qui n'osent plus dévoiler leur insatisfaction par la suite. Ce qui pouvait sembler anodin au début peut devenir un obstacle difficile à surmonter lorsque la relation devient plus sérieuse.

À chaque fois que nous prenons le risque de communiquer ce que nous pensons et ressentons vraiment, nous faisons cadeau à l'autre d'une information précieuse qui l'aidera à travailler avec nous à l'amélioration de la relation.

Il est souvent plus efficace d'être soi-même. Cela ne signifie pas d'ignorer la présence de l'autre, de ne pas respecter ses goûts et ses attentes. Apprenons à être aussi intéressants que nous pouvons l'être. Permettons à l'autre d'entrer en contact avec le meilleur de ce qu'il y a en nous. Il y a ainsi de fortes chances que l'autre soit lui-même et qu'il nous permette de connaître sa richesse. Ainsi, chacun dégagera en l'autre ce qu'il y a de meilleur.

Comment pourrons-nous présenter ce qu'il y a de meilleur en nous si nous ne nous connaissons pas? Nous avons avantage à bien nous connaître et apprendre à être bien avec nous-mêmes. Commençons par nous intéresser à nous-mêmes si nous souhaitons que l'autre apprécie notre présence. Qu'est-ce que vous trouvez d'intéressant en vous? De quelle réalisation êtes-vous particulièrement fier? Qu'est-ce qu'il y a d'unique dans votre vie? Qu'est-ce que vous souhaiteriez que les gens sachent de vous? Qu'est-ce que vous aimeriez qu'ils comprennent de votre façon de vivre, de vos aspirations, de la place que vous souhaitez occuper dans l'univers?

Si nous nous traitons comme un bon ami, c'est-à-dire sans nous mentir, nous connaîtrons nos véritables forces et nos véritables faiblesses. En voulant d'abord notre bien, nous nous développerons afin d'être bien dans notre peau. Nous ferons les choses que nous trouvons agréables et nous identifierons ce qui est vraiment important pour nous. Prenons un engagement positif envers nous-même. Engageons-nous à être «de notre côté».

Adam ne cessait jamais, de se blâmer, de parler contre lui-même et de dire du mal à son propre sujet. Il longeait les murs, donnait l'impression de vouloir se glisser sous le tapis, et encourageait les gens à le mettre de côté, à l'abandonner ou à profiter de lui. Naturellement, certaines personnes en ont abusé. À force de présenter sa joue, on trouvera toujours quelqu'un pour nous gifler. Une fois qu'il est devenu conscient de l'effet négatif qu'avait son attitude, Adam a commencé à se comporter d'une façon plus affirmative. Les gens ont réagi positivement en le traitant avec plus de respect.

Avoir une bonne connaissance de soi permet de poser les limites de ce que nous trouvons acceptable et appelle le respect des autres sur les valeurs que nous jugeons essentielles. Si nous apprenons à nous aimer et à nous respecter tels que nous sommes, nous présenterons à l'autre une image réaliste et vraie de nous.

Il importe de connaître, respecter et faire respecter les valeurs que nous jugeons essentielles. Cela pose les balises des exigences minimales que nous pouvons avoir envers autrui. Demander à être traité avec respect et honnêteté constitue le principe de base de toute relation enrichissante. Les relations qui ne sont pas basées sur ces exigences minimales et qui ne respectent pas ce que nous sommes ne méritent peut-être pas d'être vécues. Nous risquons de payer trop cher pour ce qu'il nous en restera. En établissant nos frontières personnelles et en contrôlant l'accès aux portes de nos niveaux d'intimité, nous devenons une personne à découvrir et à respecter.

Respecter l'autre

Ce respect se doit d'être mutuel si nous voulons que l'autre cesse lui-même de se camoufler derrière un masque de soumission apparente. Contrôler et terroriser peut nous apporter l'illusion de réussir à régler une situation. On pense pouvoir ainsi garder l'autre près de nous. Nos ordres, notre colère et nos menaces peuvent amener l'autre à se soumettre, à s'effacer, à obéir. Cela donne parfois l'illusion d'être efficaces à court terme, jamais à long terme. Ce comportement finit toutefois par susciter de la révolte et de la vengeance. La personne contrôlée s'allie à d'autres, nous sabote, ou encore s'éloigne et nous quitte. Voulons-nous vraiment avoir des amis soumis, effacés, insatisfaits et malheureux?

Il est important d'apprendre à développer des relations basées sur le respect mutuel. Savoir respecter l'autre, même quand il ne pense pas comme nous ou quand il agit d'une façon qui ne nous plaît pas, augmente nos chances d'établir des rapports positifs. Il est à l'avantage de tous que chaque individu puisse satisfaire ses besoins.

Cela fait des gens plus intéressants à fréquenter. Laissons l'autre respirer. Il y a toutes sortes de façon d'étouffer l'autre. Parfois, c'est par un excès d'affection. Il vaut mieux laisser à l'autre assez long de «corde». Laissons l'autre libre de ses mouvements pour qu'il ait le goût de revenir vers nous.

Prendre le temps

La décision de nous camoufler provient parfois d'une grande sensibilité. Si nous mettons en jeu notre valeur comme personne, notre sécurité émotionnelle et notre intégrité physique à chaque fois que nous approchons quelqu'un avec qui nous pourrions créer un lien, nous ne serons pas à notre meilleur pour nouer les premiers contacts. Il y a toutes sortes de façons d'entrer en relation avec autrui; certaines sont moins engageantes que d'autres. Prenons le temps de connaître cette nouvelle personne avec qui nous voulons entrer en relation. Permettons-nous de faire une bonne évaluation des risques que nous prenons et gardons les yeux ouverts. Concentrons-nous sur ce qui se passe maintenant afin d'éviter d'être prisonniers de nos souvenirs et de nos fantaisies.

Il y a une part de risque inhérente au fait de dire «oui» à la vie. Quand nous décidons d'entreprendre une nouvelle relation, nous acceptons de prendre le risque qu'elle se termine un jour, qu'elle nous apporte sa part de bonheur et aussi sa part de souffrance. Quand nous

décidons de demeurer dans notre solitude, nous assu-
mons le risque de perdre des occasions de croître par
de nouvelles relations et celui de vivre sans réseau de
support.

Nous ne mettons pas notre vie, notre valeur personnelle et notre intégrité en péril à chaque fois que nous
choisissons de vivre une nouvelle expérience. Nous prenons cependant le risque que notre vie soit modifiée par
les conséquences de notre choix.

Le défi est de devenir la personne que nous pouvons
être. Nous sommes tous des personnes uniques, riches
et intéressantes. Nous sommes tous aussi des personnes
différentes. Il n'est pas nécessaire d'être cette idole que
tous semblent aimer et admirer pour établir des relations
satisfaisantes. Nous sommes ce que nous sommes. Notre
richesse et notre unicité nous sont propres et c'est à travers
celles-ci que nous pouvons devenir une version amélio-
rée de nous-mêmes.

Le camouflage prend parfois la forme de l'agitation. Nous nous cachons de nous-mêmes et des autres
derrière toute la poussière que notre activité soulève.
S'agiter dans toutes sortes de directions peut nous soulager temporairement de nos tensions. Cela fournit un
exutoire à notre surplus d'énergie. Il peut être utile,
pour un moment, de multiplier nos activités pour fuir la
solitude. Ainsi, nous pouvons sortir tous les soirs dans le
but de rencontrer un nouveau partenaire. Nous pouvons
aussi nous jeter à corps perdu dans le travail ou dans

des activités sociales. Mais à moyen et à long termes, nous pouvons toutefois gaspiller l'énergie dont nous aurions besoin pour autre chose. Nous risquons aussi, en nous agitant de la sorte, de fuir notre réalité et de vivre maintes désillusions.

Nous avons tous vécu des moments de désorganisation au cours desquels nous commençons plein de choses sans en faire avancer aucune. Il est plus efficace de prendre le temps de s'asseoir et de se réorienter. Cela va parfois plus vite d'aller plus lentement.

Il se peut que, pour le moment, nous désirions établir une relation amoureuse avec un nouveau partenaire sans envisager de partager sa vie. Ce choix demande aussi de fournir l'énergie nécessaire pour préserver à la fois notre autonomie et respecter un engagement.

D'autres personnes choisissent de prendre un temps d'arrêt au plan amoureux et préfèrent vivre des relations d'amitié. Mais l'amitié est aussi une relation privilégiée qui demande que l'on consacre du temps et des efforts pour la protéger.

Quel que soit le type de relation que nous choisissions de vivre pour briser notre solitude, il y aura toujours des efforts personnels à consentir. Il est donc important d'évaluer les efforts que nous voulons et que nous pouvons fournir pour établir une relation.

Quand nous sommes encore sous le choc de la séparation, profondément déprimés ou en deuil, nous ne sommes pas à notre meilleur pour choisir un nouveau partenaire, le connaître, puis tisser les liens qui deviendront de plus en plus précieux avec le temps. Apprenons à respecter notre situation de vie actuelle. Il est parfois plus sage d'attendre. Méfions-nous des offres qui s'avèrent trop pressantes. Voulons-nous vraiment nouer une relation sous la pression et les menaces? Respectons-nous. Le commencement d'une relation est assez important pour que l'on tienne compte de nos capacités à s'y impliquer.

Tenir compte de ses capacités ne signifie pas nécessairement s'enfermer dans un placard tant que nous ne nous sentirons pas assez solides pour affronter vents et marées. Cela peut signifier de ralentir le rythme de nos rencontres ou la progression de notre engagement. Même si nous vivons seul, nous avons déjà des responsabilités à assumer que se soit au niveau personnel, familial ou professionnel. Investir toutes nos disponibilités dans une seule relation peut comporter le risque que nous augmentions notre solitude si cette relation devait se terminer.

Se respecter

Une des questions les plus importantes à se poser est toujours: «Qu'est-ce que je veux?» En répondant honnêtement à cette question, nous prendrons les décisions qui nous permettront de nous respecter. Il est important de distinguer nos désirs temporaires de ce que nous souhaitons pour satisfaire nos véritables besoins. Il pourrait être agréable d'entreprendre une relation avec cet homme qui n'est pas libre mais qui m'offre affection, tendresse et gâteries. Cela répondrait peut-être à mes désirs de me sentir femme et me valoriserait. Mais est-ce vraiment ce que je veux? Suis-je prête à investir dans cette relation qui ne comportera jamais d'engagement mutuel? Ai-je la capacité d'évoluer dans cette relation sans me sentir frustrée, dévalorisée?

Quand nous savons qui nous sommes et quel genre de relation nous voulons vivre, nous pouvons chercher comment procéder pour atteindre notre but. Il nous sera utile de se fixer de petits objectifs et de nous demander, en cours de route, si nous sommes sur la bonne voie. Avant d'entreprendre ce voyage, il est préférable de prendre le temps de se demander ce que nous avons besoin d'acquérir pour augmenter nos chances d'arriver à bon port.

Cela peut signifier de développer certaines habiletés sociales de base, telle la capacité de commencer et maintenir une conversation. Cela peut impliquer qu'il faut apprendre à se détendre en présence des gens ou à dire non. Que ce soit pour retourner sur le marché du travail ou pour recommencer à faire la cour suite à une séparation, il est possible que les manières de faire aient changé! Nous n'entrons pas en relation avec nos pairs à quarante ans comme nous le faisions à vingt ans. Le «Bonjour... demeurez-vous chez vos parents?» n'est sûrement pas une formule adaptée pour aborder une personne de quarante ans! Informez-vous des nouveaux